In Memoriam

JÜRGEN

Menschenfreund und Weltenbummler

Heide-Renate Döringer

Himmelwärts

Himmelsstürmer
und
Schwestern des Ikarus

Oberursel 2025

Der Traum vom Fliegen

Der Traum vom Fliegen ist so alt, wie es Menschen auf der Erde gibt. Als die Menschen die Vögel beobachteten und sich an ihren beschwingten Bewegungen erfreuten, dauerte es nicht lange, bis sie selbst den Wunsch verspürten, sich in die Luft zu erheben und zu erleben, wie sich das anfühlt.

Fliegen[1]
Freischwebend

Losgelassen

In

Endlosem

Glück

Entflohen allem

Niedrigen

Das Fliegen war jedoch in vorchristlicher Zeit den himmlischen Wesen vorbehalten, und so wurde schon im alten Ägypten die Schicksalsgöttin Isis mit großen, wunderschönen Flügeln dargestellt

Göttin Isis, die Flügel zum Schutze des Toten ausgebreitet. Darstellung auf dem steinernen Sarkophag des Ramses III., 12. Jahrhundert vor Christus.

Isis war für Liebes- und Himmelsangelegenheiten zuständig, aber ebenso Schutzheilige des Meeres und der Reisenden, gleichzeitig galt sie als universelles Muttersymbol.

Dieses Relief befindet sich auf der Tür eines vergoldeten Schreines, in welchem die Mumie Tut-ench-Amuns aufbewahrt wurde (ca. 1340 v. Chr.)

Dädalus und Ikarus

Die Geschichte von Dädalus und Ikarus beginnt weit vor ihrem berühmten Fluchtversuch aus Kreta. Dädalus war ein hochbegabter und angesehener Erfinder aus Athen. Dort arbeitete er Seite an Seite mit seinem Neffen Perdix als seinem Lehrling.

Da der Neffe jedoch außerordentlich talentiert war, wurde Dädalus zunehmend neidisch auf ihn. Als Perdix eine neuartige Säge erfand, fühlte sich Dädalus in seiner Rolle als führender Erfinder Athens bedroht und in einem Anfall von Eifersucht, stieß er den Jüngling von der Akropolis, dem Festungsberg von Athen. Dädalus musste mit seinem Sohn Ikarus fliehen.

Sein Weg führte ihn nach Kreta, wo ihn König Minos aufnahm. Hier baute er das berühmte Labyrinth ohne Ausgang, in das Minos den Minotaurus einsperrte. Dieser war nämlich ein monströses Wesen, das halb als Mensch und halb als Stier geboren wurde.

König Minos opferte dem Monster alle sieben Jahre sieben Jungfrauen und Jünglinge aus Athen, um sich für einen vergangenen Krieg zu rächen.

Doch dann kam der junge Theseus, der Sohn des Königs von Athen, nach Kreta, mit dem Plan, das grausame Schicksal seines Volkes zu beenden. Auf der Insel angekommen, verliebten sich jedoch Theseus und Ariadne, die Tochter von König Minos, auf den ersten Blick. Ariadne überreichte ihrem Geliebten ein magisches Schwert und einen Faden, um den Weg aus dem Labyrinth zu markieren. Damit ausgestattet, tötete Theseus den Minotaurus und befreite Athen von der Pflicht, regelmäßig Opfer an Kreta zu senden.

Den entscheidenden Tipp, mit einem Faden den zurückgelegten Weg im Labyrinth zu kennzeichnen, bekam Ariadne von Dädalus, der aus Mitleid das Liebespaar unterstützen wollte. Doch da er durch seinen Rat den Befehl des Königs missachtet hatte, ließ König Minos Dädalus und seinen Sohn Ikarus aus Rache in einem Turm einsperren. Die Gefangenschaft führte schließlich zu dem mutigen Plan, mit Flügeln aus Federn und Wachs von der Insel zu fliehen.

Mit ihren selbstgebauten Flügeln konnten Dädalus und Ikarus tatsächlich aus der Gefangenschaft entkommen. Vor dem Flug in die Freiheit hatte Dädalus seinen Sohn eindringlich gewarnt: „Flieg nicht zu hoch, damit die Sonne das Wachs nicht schmilzt, und nicht zu niedrig, damit das Meerwasser die Federn nicht beschwert.“

Doch in der Begeisterung des Fliegens und getrieben von jugendlicher Abenteuerlust ignorierte Ikarus die Warnungen seines Vaters. Er stieg höher und höher, bis er der Sonne so nahekam, dass das Wachs seiner Flügel zu schmelzen begann. Hilflos musste Dädalus mit ansehen, wie sein Sohn abstürzte und in das Meer fiel, das später nach ihm benannt wurde – das *Ikarische Meer*.

Leonardo da Vinci
Dem Himmel ganz nah

1452-1519

Während der Renaissance lebte in Italien ein Universalgenie namens Leonardo da Vinci. Da er durch seine Malerei (Mona Lisa) berühmt wurde, ist vielen Leuten nicht bewusst, dass Leonardo sich unermüdlich mit neuen Erfindungen befasste, so wollte er unter anderem Fluggeräte erschaffen, die wie Vögel fliegen könnten. Leonardo studierte die Anatomie dieser Luftakrobaten und ersann hunderte Flügel, wobei er immer wieder neu über Form und Materialien eines Flugapparates nachdachte.

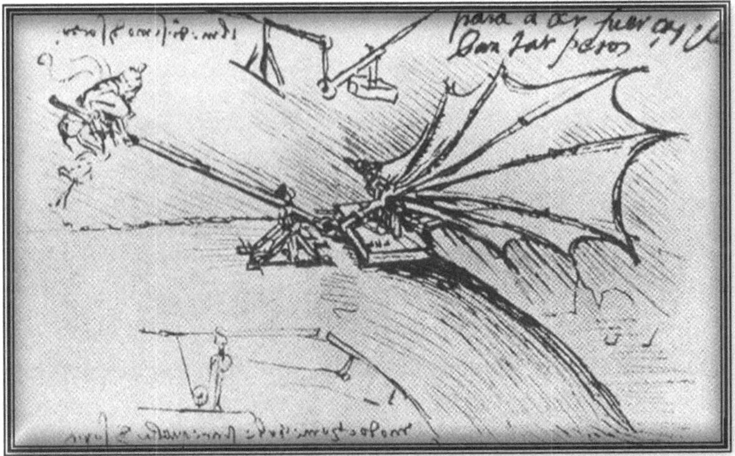

Die einzige Art des Fliegens, die ihm schließlich erreichbar schien, war das Gleiten. Der Pilot seines Gleiters sollte das Gerät durch Schwerpunktverlagerungen steuern. Zudem hatten die Flügel des Apparates einen beweglichen Teil an der Außenseite, den der Flieger mit Hilfe eines Seils ausklappen und so die Flugrichtung beeinflussen konnte. Leonardo da Vinci erschuf seinen „Grande Uccello", den „Großen Vogel".

Im Jahre 1505 gab es einen Flugversuch, über dessen Ergebnis in den Aufzeichnungen von Leonardo da Vinci jedoch nichts vorliegt.

Erst 300 Jahre nach Leonardo da Vinci flog der Mensch nachweislich.

Francisco de Goya
Modo de volar – Eine Art zu fliegen

1746-1828

Das Thema Fliegen bewegte auch die bildenden Künstler an der Schwelle des 18. Jahrhunderts. Francisco de Goya schuf berühmte Bildfolgen und graphische Zyklen, die Flugszenerien darstellten. Zu den eigenartigsten Blättern, die der Spanier je geschaffen hat, gehört sein Modo de volar – Eine Art zu Fliegen. Hier handelt es sich offensichtlich um Menschen, die in der Luft unterwegs sind. Gegen 1815 war die Eroberung des Himmelsraumes mittels eines Ballons schon so sehr Realität geworden, dass es nahelag, über eine andere Art des Fliegens tatsächlich nachzudenken. Es handelte sich nun nicht mehr um eine Utopie von etwas eigentlich nicht Machbaren, sondern um eine Möglichkeit tatsächlicher Umsetzung des Fliegens. Es ist sehr wahrscheinlich, dass Goya sich durch Leonardo da Vinci hat anregen lassen, von dem einige Blätter seiner Flugstudien durch den Kupferstecher Carlo Guiseppe Gerli im Jahre 1784 veröffentlicht wurden.[4]

Disparate Volante

Hans Thoma
Maler und Graphiker

1839-1924

Knapp 100 Jahre später war es der Maler Hans Thoma, den das Thema FLIEGEN vielfach inspirierte.

Bei ihm fliegen nicht nur Dädalus und Ikarus aus den Lüften in die Tiefe, auch Merkur ist fliegend unterwegs …

... und selbst Kinder reiten auf einem Vogel.

Max Beckmann
Maler und Grafiker

1884-1950

Die Einsicht, dass der Ballon ohne Motor nicht lenkbar war, ließ im 20 Jahrhundert den Enthusiasmus bezüglich dieses Fluggeräts allmählich ermüden, doch seine majestätische Erscheinung inspirierte auch im Zeitalter des Flugzeugs noch die Künstler (u. a. auch Max Ernst, Paul Klee).

Max Beckmann hat in mehreren seiner Werke den Ballon fliegen lassen.

Landschaft mit Ballon 1917

„Luftakrobaten" 1928

Frida Kahlo
Mexikanische Malerin

1907-1954

Frida Kahlo de Rivera war eine mexikanische Malerin, die zu den bedeutendsten Vertretern einer volkstümlichen Entfaltung des Surrealismus zählt. Ihr Leben war geprägt durch Krankheit. Als Kind erkrankte sie an Kinderlähmung und behielt ein verkürztes Bein zurück. Im Jahre 1925 wurde Frida Kahlo Opfer eines Busunglücks; fortan war sie auf den Rollstuhl angewiesen.

„Die Zeit fliegt"

Das Flugzeug symbolisiert hier Freiheit und zukunftsweisende Modernität.

In Zusammenhang mit ihrer Beinamputation im Jahre 1925 schrieb Frida Kahlo in ihr Tagebuch: *Wozu brauche ich Füße, wenn ich Flügel zum Fliegen habe.*

„Strohflügel"
Dieses Bild ist nur durch ein Schwarzweißfoto bekannt.

Aus der Geschichte der Ballonfahrt

hoch hoch und höher
schwebend im Heißluftballon
dem Himmel ganz nah[5]

Jacques Étienne und Joseph Michel Montgolfier

6

Südlich von Lyon liegt an der Rhône das kleine Städtchen Annonay, das im 18. Jahrhundert für seine Papierfabriken berühmt war. Hier wuchsen die Brüder Joseph Michel (1740-1810) und Jacques Étienne (1745-1799) Montgolfier auf. Beide Jungen hatten Physik und Mathematik studiert und interessierten sich sehr für Naturwissenschaften. Obwohl sie die elterliche Papierfabrik leiteten, galt ihre Leidenschaft der Luftfahrt und schon seit frühester Kindheit waren sie von dem Gedanken besessen, eine Maschine oder einen Apparat zu erfinden, mit dessen Hilfe der Mensch das Fliegen erlernen könnte.

Eines Abends beobachteten die Brüder am Kamin sitzend den Flug der Funken und fingen heiße Luft mit einer Papiertüte auf, die sich daraufhin in die Höhe bewegte. Als Étienne dann noch bemerkte, dass ein Unterrock seiner Frau, der zum Trocknen über dem Ofen hing, unter dem Zustrom der heißen Luft sich in die

Höhe bauschte, schlossen die Brüder aus ihren Beobachtungen zunächst, dass Rauch das Auftriebsmittel sei. Nun ließen sie in ihrer Fabrik die Arbeiter aus Leinenstreifen einen kugelähnlichen Sack mit 12 Metern Durchmesser nähen. Um die erhitzte Luft darin zu halten, wurde das Innere mit einer dünnen, festen Papierschicht ausgekleidet, ein Netz aus Schnur umspannte die Hülle und hielt sie von außen in Form. Sorgfältig bereiteten sich die Brüder auf den Tag des Experiments vor. Am 4. Juni 1783 war es endlich so weit und sie zeigten ihre Erfindung erstmals der Öffentlichkeit.

Schnell gelangte die Kunde von diesem Ereignis aus der Provinz nach Paris, der geistigen und kulturellen sowie der politischen Hauptstadt Frankreichs. Der König wollte sich persönlich von der Erfindung überzeugen und lud die Brüder Montgolfier zu einer Schau nach Paris ein.

Am 19. September 1783 startete vom Schloss Versailles aus der erste bemannte Heißluftballon gen Himmel. Es stiegen jedoch keine Menschen in die Luft auf, sondern ein Hammel (Schaf), ein Hahn und eine Ente. Das Herrscherpaar war entzückt, als es den Aufstieg der Gondel mit den lebenden Tieren beobachten konnte.

Die Fahrt dauerte lediglich zwölf Minuten. Zwei Astronomen berechneten die Gipfelhöhe des Ballons auf 560 Meter, bevor er in das etwa dreieinhalb Kilometer entfernte „Gehölz bey Vaucresson“ niedersank. Mehrere Zuschauer eilten zum Landeort, wo sie feststellten, dass der Käfig im Sinken durch einen vorbeistreifenden Ast geöffnet worden war, sodass sich die Tiere in Freiheit befanden. Das Schaf und die Ente schienen ihr Luftabenteuer unbeschädigt überstanden zu haben, aber der Hahn hatte sich offenbar am Flügel verletzt. Die Verletzung gab zu besorgten Erwägungen Anlass, ob der Mensch es wagen dürfe, sich Luftfahrzeugen anzuvertrauen – bis mehrere Zeugen aussagten, das Schaf habe den Hahn getreten, noch bevor der Ballon aufgestiegen sei.

Alle drei Tiere hatten die Landung gut überstanden und der Ballon war unbeschädigt. Étienne schrieb am Abend an seine Frau:

„… nur der Hammel hat in den Käfig gepinkelt!".

Diese Ballonfahrt war der wissenschaftliche Beweis dafür, dass eine Luftreise theoretisch auch für Menschen möglich war. In einer Welt, in der es noch keine Flugzeuge und keine Fallschirme gab, in der der Himmel nur den Vögeln gehörte, da galten die drei fliegenden Tiere als eine ziemliche Sensation.

Mit dem Heißluftballon der Brüder Montgolfier, der noch heute die Menschen begeistert, ob sie mitfahren oder ihn vom Boden aus beobachten, begann das eigentliche Zeitalter der Luftfahrt.

Der König war mit dem Versuch sehr zufrieden, aber als Étienne Montgolfier seine Absicht bekannt gab, einen Ballon für Menschen zu bauen, bestand Ludwig XIV. darauf, dass als Passagiere nur zum Tode verurteilte Verbrecher in Frage kämen, die begnadigt werden sollten, falls sie die Fahrt überlebten. Aber der luftfahrtbegeisterte Aristokrat Jean-François Pilâtre de Rozier, der mit 26 Jahren eines der jüngsten Mitglieder der Akademie der Wissenschaften geworden war, wandte sich ganz entschieden gegen diese Anordnung des Königs. Er war empört darüber, dass gemeine Verbrecher den

Ruhm ernten sollten, die ersten Luftfahrer der Welt zu sein und er erbot sich, an ihre Stelle zu treten.

Nur einen Monat später, am 15. Oktober 1783, stieg der mutige 29-jährige Physiker Jean-François Pilâtre de Rozier (1854-1885) mit einem am Boden befestigten Montgolfière-Ballon in die Lüfte und erreichte eine Höhe von 26 Metern. Dieses Experiment wiederholte er am 21. November gemeinsam mit Gardeoffizier François d'Arlandes, dieses Mal ohne Bodenverankerung. Das war somit die erste Freiballonfahrt der Menschheitsgeschichte. Sie dauerte 25 Minuten über Paris.[7]

Aufstieg einer Montgolfière am 23. November 1783
Teilkolorierte Radierung, Coburg Kunstsammlung der Veste

Der Professor und sein Gasballon
Jacques Alexandre César Charles
1746-1823

Die Leistung der Brüder Montgolfier fand augenblicklich überall Anerkennung und löste eine Flut von Erfindungen aus, durch die binnen kurzem die *Aerostatik* als Wissenschaft begründet wurde. Die angesehene Akademie der Wissenschaften in Paris beauftragte den jungen Physikprofessor Jacques Alexandre César Charles, den Versuch der Brüder Montgolfier zu wiederholen und dadurch die Durchführbarkeit zu beweisen. Charles war durch einen ungenauen Bericht im *Journal de Paris* irregeführt worden und ging davon aus, die Brüder hätten ihren Ballon mit Gas gefüllt. Diese irrige Annahme brachte den Professor auf einen Weg, der zur Entwicklung eines völlig anderen Ballons führte – eines Gasballons.

Schon am 1. Dezember 1783 sollte dieser Gasballon von den *Tuilerien* aus hochsteigen. Benjamin Franklin, der bei dem Ereignis anwesend war, berichtete:

„Ganz Paris war auf den Beinen. Noch niemals zuvor hat ein naturwissenschaftliches Experiment vor einem so großen Publikum stattgefunden."

Und noch nie zuvor war ein physikalisches Problem so eifrig diskutiert worden. Die Verfechter des Gasballons behaupteten, seine größere Tragkraft (Wasserstoff ist viel leichter als Heißluft) und das Fehlen jeglichen Feuers an Bord machten ihn besser und sicherer als die Montgolfieren, obwohl diese den Vorteil hatten, dass sie schneller gefüllt werden konnten. Aber solche Auseinandersetzungen waren den Erfindern der beiden Ballonarten fremd. Kurz vor dem Start schritt Professor Charles mit einem smaragdgrünen Pilotballon von eineinhalb Meter Durchmesser in der Hand auf Étienne Montgolfier zu, der sich unter den Zuschauern befand.

„Ihnen, mein Herr, gebührt es, den Weg in den Himmel zu eröffnen", sagte er und bat ihn, die Schnur abzuschneiden. Die beiden Männer beobachteten gemeinsam, wie die kleine Kugel nach Nordosten davonflog. Dann bestiegen Professor Charles und sein Begleiter Noël die prächtig verzierte Gondel, die gegen die Kälte mit Decken, Pelzen und Champagner ausgerüstet war. Sie gaben 15 Pfund Ballast ab und stiegen auf einen Kanonenschuss hin lautlos in die Höhe.

Als dieser erste Ballon von Professor Charles in der Nähe einer kleinen Ortschaft auf die Erde zurücksank, wurde er von Bauern, die ihn für den leibhaftigen Teufel hielten, mit Flegeln und Gabeln bearbeitet, dann an den Schweif eines Pferdes gebunden und über Äcker und Wiesen geschleift. Das ausströmende Gas stank wie die Pestilenz, ein Kopf war nicht zu entdecken und das fremde Wesen bestand nur aus Bauch. Es musste also der Teufel sein.

Professor Charles erklärte später in einer Vorlesung über seine Luftreise:

„Nichts kann dem Vergnügen gleichen, das in dem Augenblick, da ich die Erde verließ, sich meines ganzen Daseins bemächtigte; es war nicht bloß Vergnügen, es war Glückseligkeit."[8]

Nach Charles Großtat erfasste das Ballonfieber ganz Frankreich. Die Läden quollen über von Hüten, Fächern, Uhren und Käfigen in Ballonform. Westen, Degengriffe, Tabaksdosen und Konfektschalen wurden mit Abbildungen von prächtig geschmückten Montgolfièren verziert. Und es begann die große Zeit der Berufsluftschiffer. In Europa fanden zukünftig Ballonaufstiege bei allen großen Festlichkeiten und auch bei Fürstenhochzeiten und Königs- oder Kaiserkrönungen statt. In den Anfängen war das bloße Schauspiel eines Ballonaufstiegs Sensation genug für die Massen. Es gab natürlich die spannende Möglichkeit, dass ein Unfall passierte – nichts wirklich Ernstes, vielleicht nur ein jähes Sinken oder ein gefährlicher Augenblick der Landung. Als aber ein einfacher Auf- und Abstieg nicht länger aufregend genug erschien, begann die rastlose Suche der Berufsluftschiffer nach Neuem. Ballonfahrten zu Pferde gehörten zu den ersten Verfeinerungen.

Ebenso beliebt waren Nachtaufstiege, die oft durch Feuerwerk verschönert wurden und Ballonfahrerinnen lockten unweigerlich große Zuschauermengen an, vor allem, wenn die Damen hautenge Kostüme trugen. Fallschirmvorführungen machten schließlich das Schauspiel noch spannender, und den gleichen Zweck erfüllten waghalsige Trapeznummern, die von mutigen Artisten in einigen hundert Meter Höhe unter dem Ballonkorb hängend, vorgeführt wurden. Die Ballonfahrten waren selbst unter günstigsten Umständen gefährlich und dennoch riskierten in den kommenden Jahren Männer und auch Frauen mit einem Flug in schwindelnde Höhen ihr Leben.

Der Luftschiffer

Gefahren bin ich im schwankenden Kahne
Auf dem blaulichen Ozeane,
Der die leuchtenden Sterne umfließt,
Habe die himmlischen Mächte gegrüßt.
War in ihrer Betrachtung versunken,
Habe den ewigen Äther getrunken,
Habe dem Irdischen ganz mich entwandt,
Droben die Schriften der Sterne erkannt,
Und in ihrem Kreisen und Drehen
Bildlich den heiligen Rhythmus gesehen,
Der gewaltig auch jeglichen Klang
Reißt zu des Wohllauts wogendem Drang.
Aber ach! Es zieht mich hernieder
Nebel überschleiert meinen Blick,
Und der Erde Grenzen seh ich wieder,
Wolken treiben mich zu ihr zurück.
Wehe! Das Gesetz der Schwere
Es behauptet nur sein Recht,
Keiner darf sich ihm entziehen
Von dem irdischen Geschlecht.

Karoline von Günderode 1803

A Anker, B Barograph, C Wasserkanne, D Sprachrohr,
E Schlafvorrichtung, F Sandbehälter, G Sandschaufel,
H Barometer, L Elektrische Lampe, R Ring, Sch Schlepptau,
St Stratoskop, W Wasseranker

Korb für wissenschaftliche Ballonhochfahrten um 1852

James Glaisher und Henry Tracey Coxwell

Die Engländer Glaisher und Coxwell im Korb ihres Ballons[10]

Luftfahrtpionier und Erfinder
André-Jacques Garnerin
1769-1823

André-Jacques Garnerin war ein französischer Luftfahrtpionier und der Erfinder des rahmenlosen Fallschirms. Er unternahm seine erste Ballonfahrt im Jahre 1787 von Metz aus. Drei Jahre später hob er mit einem einfachen Heißluftballon wiederum von Metz aus ab. Während der Napoleonischen Kriege von 1792 bis 1815 (kriegerische Auseinandersetzungen zwischen Frankreich und seinen europäischen Machtrivalen) wurde Garnerin beauftragt, Verhandlungen mit den Alliierten zu führen. Da die Französische Republik von ihren Feinden offiziell jedoch nicht anerkannt war, wurde Garnerin drei Jahre lang auf der Festung *Buda* in Budapest gefangen gehalten. Während der Gefangenschaft beschäftigte er sich damit, Fallschirme zu entwerfen, mit deren Hilfe er fliehen wollte.

Am 22. Oktober 1797 sprang Garnerin als erster Mensch aus einem Ballonkorb über dem Parc Monceau in Paris mit einem Fallschirm ab. Aus einer Höhe von 400 Metern landete er vor einer ihn bewundernden Menschenmenge und wurde im Triumph in die Stadt gebracht.

Von nun an unternahm der Aeronaut regelmäßig Auffahrten, die ihn auch bis ins Ausland führten, und so startete er am 14. April des Jahres 1803 zusammen mit seiner Ehefrau in Berlin. Es war ein Schauspiel zu Ehren König Friedrich Wilhelms III. von Preußen und dessen Gemahlin Königin Louise.

Der Ballon von Berlin

Das Ehepaar Garnerin im Ballonkorb

Im Oktober 1803 überwand Garnerin eine Strecke von 300 km zwischen Moskau und Polova, ein Dorf in der Ukraine, und im November des gleichen Jahres eine 395 km lange Ballonfahrt von Paris bis in die Nähe von Pirmasens, wo er notlanden musste. Ein Pferdefuhrwerk brachte ihn nach Zweibrücken und von dort aus trat er mitsamt seinen Gerätschaften mit der Postkutsche die Heimreise nach Paris an.

Dieser tollkühne, wagemutige Mann starb im Jahre 1823 beim Befüllen eines Ballons durch einen Unfall. Er wurde von einem Balken erschlagen. Ihm zu Ehren trägt seit 1960 eine Landspitze in der Antarktis seinen Namen: der *Garnerin Point*.

Erster professioneller Ballonfahrer
Jean-Pierre Blanchard
1753-1809

Jean-Pierre Blanchard stammte aus Les An-
delys in der französischen Provinz und wuchs
in einfachen Verhältnissen auf. Im Jahre 1779
ging er als Mechaniker nach Paris, wo er sich
an der Entwicklung eines mit Muskelkraft be-
triebenen Flugkörpers versuchte. Damit erfolglos, wandte er sich dem Bau eines Gasballons
zu, mit dem er selbst beim ersten Start eine
Höhe von 500 Metern erreichte.

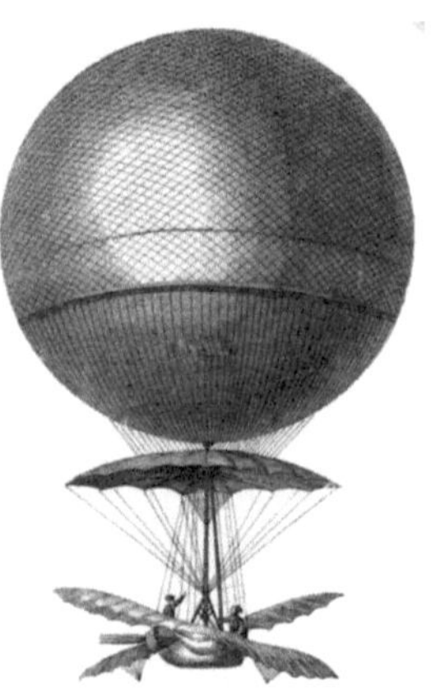

Leider machte sich Blanchard in Paris durch sein großspreche-
risches arrogantes Auftreten unbeliebt, und der Magistrat ver-
wies ihn der Stadt. Da suchte sich der überzeugte Ballonfahrer
in England eine neue Bleibe. Hier machte er die Bekanntschaft
von renommierten Ärzten, die ihn förderten. Mit dem aus Amerika stammenden Physiker Dr. John Jeffries (1744-1819) wagte

Blanchard im Januar 1785 von Dover ausgehend eine spektakuläre Überquerung des Ärmelkanals. Die Überfahrt wurde dramatisch, denn überladen drohte der Gasballon, eine Charlière, schon kurz nach dem Start ins Wasser zu stürzen. Schnell musste der Ballast verringert werden. Zuerst warfen die beiden Luftschiffer alle mitgebrachten Bücher über Bord, es folgten die Messinstrumente, Seile, Sitze, Anker und als das immer noch nicht genug war, zogen sie ihre Oberbekleidung aus, entleerten sogar ihre Blasen in den Ärmelkanal und kletterten von der Gondel in die Halteseile. Kurz vor der französischen Küste half eine frische Brise über die letzte Wegstrecke. Wohlbehalten, aber nur noch mit Unterhosen bekleidet, landete der Ballon schließlich in einer Baumkrone unweit der Stadt Calais.

Anekdotisch wird berichtet, dass die Ballonfahrer von Scharen wild gestikulierend herbeilaufender Bauern ungläubig in Empfang genommen wurden. Einige fielen auf die Knie, falteten die Hände zum Gebet, andere rannten vor Entsetzen davon. Einer der Männer am Boden soll nach oben gerufen haben:

„Seid ihr Menschen oder Götter? Gebt euch zu erkennen!"
„Wir sind Menschen wie ihr!", kam die Antwort.

Die beruhigten Bauern begleiteten die beiden Gentlemen ins nächste Dorf. Blanchard wurde später zum Ehrenbürger von Calais ernannt und erhielt vom französischen König eine lebenslange Zahlung in Höhe von 1200 Livres (1 Livre ca. 5-15 Euro) jährlich.

Der noch junge Blanchard gab sich arrogant und überheblich, war aber gleichzeitig äußerst leistungsorientiert, da er Erfolge brauchte. Ständig bemühte er sich, seine Auftritte zu optimieren, und so wurde er mit der Zeit zum bekanntesten Luftschiffer Europas.

Im Jahre 1785 kam er zur Herbstmesse nach Frankfurt am Main, um hier die erste Luftreise in Deutschland durchzuführen. Als Honorar forderte er die gigantische Summe von 1500 Louis

d'or,[12] was ihm auch zugesagt wurde. Dieser Besuch wurde groß-
artig angekündigt und ausführlich kommentiert.

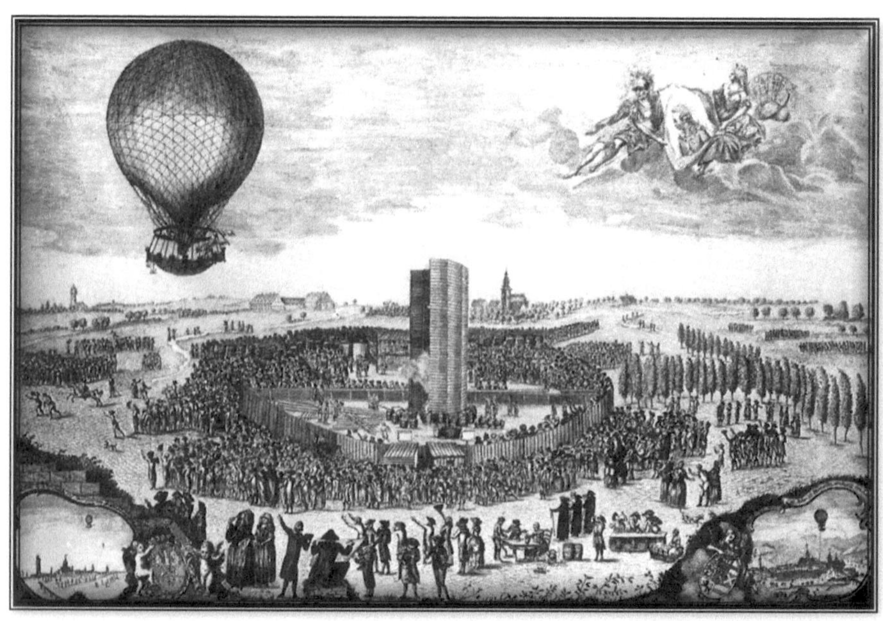

Frankfurt 1785

Blanchard in Frankfurt
Das Publikum fieberte dem spektakulären Ereignis entgegen, doch die
Wetterbedingungen verschlechterten sich von Tag zu Tag. Es regnete
in Strömen und stürmte. Endlich wollte Blanchard das ungeduldiger
werdende Publikum nicht länger auf die Folter spannen und ent-
schloss sich trotz des immer noch herrschenden Sturms, den Aufstieg
zu riskieren. Im Augenblick des Abhebens wurde der Ballon von einer
Bö erfasst, stürzte in sich zusammen, unglücklicherweise gerade auf
Blanchard. Ein Augenzeuge schreibt: Man konnte ihn mit Mühe ret-
ten. Die Vitriol-Düfte hätten ihn beinahe erstickt und er wurde ohn-
mächtig hervorgezogen und davongetragen. Alle Herrschaften nah-
men ihn sogleich gegen den Pöbel in Schutz, der Miene machte, das
Gerüst zu stürmen.

Im Schloss von Weilburg wurde der französische Luftpionier, der mit dem Fürsten Carl von Nassau befreundet war, mit einem Festmahl gefeiert. Mit einem Wagen brachte man ihn später nach Frankfurt am Main, wo man ein Festspiel arrangiert hatte, in dessen Mittelpunkt Blanchard und sein Ballon standen. Es folgten ein Gelage mit vornehmen Herrschaften im Römischen Kaiser und ein Empfang im Römer, wo ihm der Rat ‚*50 Stück doppelte Krönungsstücke in Gold von der Krönung Kaiser Josephs II. von 1764, hundert Dukaten im Wert*‘ überreichte. Blanchard war für den Augenblick ein gemachter Mann. Bankette, Essen, Empfänge, Ehrengeschenke, Ringe und andere Pretiosen – das alles regnete auf ihn nieder.[14]

Der Frankfurter Flug Blanchards war der erste bemannte Ballonflug über Deutschland, er löste in der Stadt und in ganz Deutschland eine Welle der Ballonbegeisterung aus und ein anhaltendes Interesse für die Luftfahrt.

Dr. Jeffries, Blanchards Freund, forderte ihn eines Tages auf, nach Amerika zu kommen, und der Ballonfahrer freute sich auf ein etwas anderes Abenteuer. Mitsamt seiner Familie machte er sich auf die Reise. In der Neuen Welt unternahm er seine erste Ballonfahrt am 9. Januar 1793. Aus dem Washington Prison Yard in Philadelphia stieg er in die Luft, wobei ihm kein Geringerer als Präsident George Washington (1732-1799) zusah. Die Landung erfolgte in Deptford Gloucester County in New Jersey.

Aber weder die Mentalität der Amerikaner noch die geschäftlichen Bedingungen sagten Blanchard zu. Im September 1796 fegte ein Tornado durch New York und dabei wurde sein 16jähriger Sohn aus der ersten Ehe mit seiner Frau Victorie getötet und seine neue Ballonhalle zerstört, in der sich die gesamte Ausrüstung befand. Blanchard war ruiniert. Im Mai 1797 floh der Luftschiffer wegen seiner Schulden mit seiner Frau Marie Sophie Madeleine und drei Töchtern aus Amerika. Aber seine finanziellen Verhältnisse besserten sich nicht in Europa. Nachdem er sich im Jahre 1800 über geizige Zuschauer im französischen Nantes hatte ärgern müssen, wollte er die Luftfahrt ganz aufgeben, aber er blieb doch noch acht Jahre im Geschäft. Der umherziehende Blanchard hatte 60 Fahrten in neun Ländern gemacht, doch die Glanzzeit des einst so berühmten Mannes war vorüber. Im Februar 1808 erlitt er bei einem Aufstieg in Holland einen Schlaganfall. Der Bewusstlose landete hart, ohne sich jedoch ernstlich zu verletzen; trotzdem setzte danach ein körperlicher und geistiger Verfall ein, bis Jean-Pierre Blanchard am 7. März 1809 in Paris starb.

Seine Witwe trat noch elf Jahre lang auf und wurde eine berühmte Berufsluftschifferin.[15]

Eugène Godard

1827-1873

Eugène Godard wurde als Sohn eines Maurermeisters in Paris geboren. Nach dem Schulbesuch begann er im Jahre 1841 seine Ausbildung an der kleinen Schule des *Conservatoire National Des Arts Et Métiers* mit dem Ziel, Architekt zu werden. Als er 1845 zufällig den Start eines Gasballons sah, begeisterte er sich für den Ballonflug und experimentierte mit Flugobjekten. Bald schon baute er seinen ersten Heißluftballon, der aber nicht flog. Ab 1846 konstruierte er nach mehreren Versuchen erfolgreich funktionierende Freiluftballone, mit denen er sogar während der Pariser

Weltausstellung 1867 aufstieg. Bei dieser Fahrt nahm er seinen dreijährigen Sohn Eugène Godard II mit, der fortan auch dem Ballonfahren verfallen war.

Während der Belagerung von Paris durch die Deutschen im Deutsch-Französischen Krieg 1870-1873 erinnerte sich der kluge Monsieur Godard an den Einsatz von Ballons in früheren kriegerischen Auseinandersetzungen. Damals:

Am 2. Juni 1794 beobachteten die holländischen und österreichischen Truppen, die Stellungen der französischen Revolutionsarmee bei Maubeuge an der belgischen Grenze beschossen, wie ein plumper Ballon an Haltetauen sich mehrere hundert Meter über der belagerten Stadt erhob. Zwei Franzosen in blauen Uniformröcken hockten in dem leicht vom Wind schwankendem Ballonkorb und waren in dieser Höhe vor Schüssen aus Musketen und Kanonenfeuer so gut wie sicher. Ihre Absicht war leicht zu durchschauen. Während einer von ihnen das feindliche Lager durch sein Teleskop Stück für Stück beobachtete, machte der andere sich Notizen über Stellungen und Batterien des Gegners.

Nun, ein hundert Jahre später, war Paris von den deutschen Armeen belagert und es gab keine Verbindung zur Außenwelt. Eugène Godard wusste, wie man die Not lindern konnte: mit Ballons! Schnell stellte man in der Hauptstadt eine „Ballonflotte" zusammen, funktionierte eine Bahnhofshalle zur Werkstatt um und bildete die dafür benötigten Ballonführer in Schnellkursen aus. Die Ehefrau des Initiators, ‚Madame Sophie Godard, beaufsichtigte die über 100 Näherinnen, welche an langen Tischen die Ballone peinlich genau zusammennähten. Insgesamt verließen 66 Ballone mit 102 Passagieren und 2,5 Millionen Briefen Paris, bis auf acht landeten alle sicher.

Le Ballon
Inmitten von Kriegssymbolen nimmt eine das belagerte Paris verkörpernde Frauengestalt in Trauerkleidung durch einen Ballon Verbindung mit der Außenwelt jenseits des befestigten Mont Valérien im Hintergrund auf. Der französische Symbolist Pierre Puvis de Chavannes malte *Le Ballon* im Jahre 1870, während die Stadt von den Deutschen eingeschlossen war.

Künstlerische Darstellung der Situation [16]

Der Sohn Eugène II Godard erlebte seinen zweiten Flug 1873 in Amiens mit seinem Vater und Jules Verne als Gast, dessen einziger Flug dies war. Von 1878 an testeten Vater und Sohn gemeinsam Fesselballone, und als der Senior sich 1888 in den Ruhestand zurückzog, wurde Eugène II Teilhaber der *Grands Atéliers Aérostatiques* auf dem Pariser *Champ de Mars,* der damals bedeutendsten Ballonfabrik. Sein ganzes Leben lang faszinierten ihn Fesselballone, die ihn bis in fremde Länder führten und ihm viel Bewunderung und Ehre brachten.

Nadar

1820-1910

17

Gaspard-Félix Tournachon, der sich selbst „Nadar" nannte und zu einem der bedeutendsten Pioniere der Fotografie im 19. Jahrhundert wurde, hegte zeitlebens eine große Begeisterung für die Fliegerei. Er nutzte den Ballon, um die ersten Luftaufnahmen von Paris zu machen. Aber die Fliegerei war für ihn zugleich ein Sinnbild für Leichtigkeit und Freiheit. In seinem Atelier in Paris versammelte sich eine „*Gesellschaft zur Förderung der Fortbewegung in der Luft mit Hilfe von Maschinen, die schwerer als Luft sind*", der

Nadar als Ehrenpräsident vorstand. Unter seiner Leitung wurde der Riesenballon „Le Géant" (Der Gigant) gebaut. In einer Produktionszeit von nur sechs Wochen entstand dieser Ballon, der dreimal so groß wie irgendein anderer war; die Höhe betrug 45 Meter einschließlich der Gondel, der Durchmesser des Ballons belief sich auf 26 Meter, zum Start benötigte der Riese 6000 Kubikmeter Gas und das Gewicht betrug beim Transport 4.500 kg. Die Gondel des Géant war zweistöckig und mit allem möglichen Komfort ausgestattet; sie enthielt außer Betten für die ermüdeten Reisenden auch ein fotografisches Labor. Am 18. Oktober 1863 begann der Ballon – im unerwünschten Beisein von Kaiser Napoleon III – seine spektakuläre Reise. An Bord befanden sich neun Passagiere, neben Felix Nadar und seiner Ehefrau unter anderem auch seine Freunde Jules und Louis Godard und Fernand Montgolfier, Die Fahrt führte über Brüssel, Antwerpen, Arnheim, durchs nördliche Westfalen bis ins Königreich Hannover und dort endete sie in einer Katastrophe. Auf dem Gebiet des Königreichs Hannover streifte die Gondel Baumwipfel und stürzte ab.

Die Reisenden erlitten erhebliche Verletzungen insbesondere Frau Nadar, die unter dem Korb gefangen war. Von allen Seiten kamen schnell Hilfsangebote und mit einem Sonderzug wurde die Ballongesellschaft nach Hannover gebracht und dort ärztlich versorgt.

Nadar zog sich vorerst aus dem Ballongeschäft zurück und setzte seine Expertise erst im Krieg 1871-73 wieder ein.

Carl Securius

1846-1890

Carl Securius wurde im Oktober 1846 als Sohn eines praktischen Arztes geboren. Nach der Schulausbildung machte er eine Ausbildung zum Bankkaufmann bei einem Verwandten in Berlin im Bankhaus *Jacquier & Securius*. In dieser quirligen Stadt kam er mit der aufkommenden Luftfahrt in Kontakt und war davon so fasziniert, dass er sich vom Bankhaus verabschiedete und seine Zukunft lieber als Ballonfahrer gestalten wollte. Nach gründlicher Ausbildung wurde Carl Securius einer der damaligen Luftfahrtpioniere. Im Jahre 1883 veröffentlichte er in Bremen das Standardwerk der Luftschiff-Fahrten, es wurde im Jahr 2002 nachgedruckt.

Carl Securius hat während seiner Jahre als Ballonfahrer stolze 417 Auffahrten durchgeführt. Einige davon sind dokumentiert. Besonders lesenswert ist die von ihm selbst geschilderte Begebenheit unter dem Titel *„Der Ballonfahrer Carl Securius und seine Bruchlandung in den Mörderbergen"*.

Sie erzählt vom 29. September 1881, als Carl Securius mit dem Ballon *Deutsches Reich* vom *Volksgarten* in Berlin aus startete und eine äußerst abenteuerliche Fahrt antrat, die mit einer Bruchlandung endete. (amt-joachimsthal.de/seite 66510/securius.html)

Weniger aufregend ging es in Weimar zu, wo Securius am Sonntag, dem 1. Mai 1887 um 16:34 Uhr zum ersten Mal startete. Der Besuch wurde zu einem volksfestartigen Ereignis mit vielen Zuschauern, sodass bereits am frühen Morgen Soldaten der Weimarer Garnison die schaulustigen Massen zurückdrängen mussten. Der Ballon erreichte eine Höhe von 1520 Metern. Nach dem Ballonflug wurde die *Ortsgruppe Weimar der Sektion Thüringischer Staaten des Sächsisch-Thüringischen Vereins der Luftschifffahrt* gegründet.

Elysium in Chemnitz.

Sonntag, ben 19. Juli b. J. einmalige große (280.) Luftballon=Auffahrt des bekannten Aeronauten Herrn Carl Securius mit seinem Riesenluftballon „Bellevue". Von 3 Uhr ab während der Füllung b Ballons mit Leuchtgas:

Grosses Extra-Concert.
Auffahrt des Ballons 6 Uhr.
Eintritt à Person nur 50 Pfg.
Schüler und Kinder 25 Pfg. Extra reservirte Plätze à 75 Pfg.
☞ Alles Nähere die Placate.

Annonce 1885

Luftschiffer und Konstrukteur
Hermann Lattemann
1852-1894

Carl Christoph Hermann Lattemann wurde am 14. September 1852 in Gebhardshagen als Sohn des Drechslermeisters Conrad Heinrich Christoph Lattemann geboren. Schon früh begeisterte er sich für die Ballonfliegerei. Er ließ sich zum Luftschiffer ausbilden und trat danach als Ballonflieger auf. Lattemann entwarf auch einen Miniaturballon namens Rotateur. Dieser Ballon war nur halb so groß wie andere Ballone und hatte weder Anker noch Gondel, sondern nur Steigbügel, auf denen der Pilot stand. Parallel dazu arbeitete Lattemann am Bau eines Fallschirmes. Als dessen Konstruktion ausgereift war, wagte er es als einer der Ersten mit Hilfe des Fallschirms vom Korb eines Ballons in die Tiefe zu springen. Seine erste öffentliche Aufführung fand 1886 in Berlin-Charlottenburg statt.

Zu dieser Zeit waren solche Veranstaltungen mit Ballonaufstiegen ein lukratives Geschäft und Lattemann hatte mit seinen waghalsigen Abstürzen vom Ballon großen Erfolg.

Der begabte Tüftler entwickelte den Fallschirm weiter und brachte einen zusammenlegbaren *Faltschirm* heraus, den er *Touristenfallschirm* nannte; auch konstruierte er einen *Fallschirmballon.* Zu diesem Zweck wurde der Ballon mit einem Metallreifen umschlossen, der ihn in zwei Hälften teilte. Beim Ausströmen des Gases sollte die untere Hälfte der Ballonhülle um den Reifen nach innen klappen und sich dicht an die obere Hälfte anlegen. Somit verwandelte sich der Ballon in einen Fallschirm, an dessen unterem Rand der am Metallreifen befestigte Korb hing.

Spätestens 1891 war Hermann Lattemann in Frankfurt zu einer festen Institution geworden, da er regelmäßige Ausflüge von einem Areal neben der *Elektrotechnischen Ausstellung* (heutiges Bahnhofsviertel) veranstaltete und dabei auch Vertreter des Hochadels in die Lüfte über Frankfurt brachte. Am 29. August 1891 absolvierte Lattemann seinen 500. Flug. Auf der Ausstellung war der Ballon an einem Seil befestigt und flog normalerweise nur über dem Ausstellungsgelände; am 26. Mai 1891 aber löste sich der Ballon vom Haken, gerade als die Passagiere aussteigen wollten und flog ungesichert über ganz Frankfurt bis zur Vilbeler Landstraße/Heiligenstock (neben dem Lohrberg). Einen Monat später flog Lattemann über Frankfurt und sprang mit einem Fallschirm ab. Durch eine Drehung des Ballons kam der Fallschirm an den Anker und riss auf. Der Ballonfahrer fiel nun wesentlich schneller, aber er konnte trotzdem glücklich landen, wenn auch nicht wie geplant auf der Wiese außerhalb, so doch mitten im Westend auf der Arndtstraße.[18]

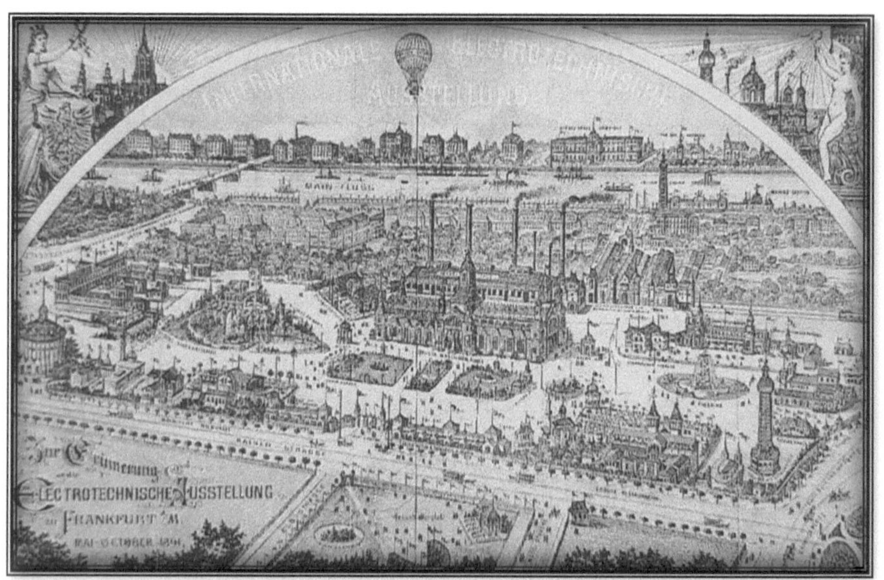

Auch im europäischen Ausland zeigte Hermann Lattemann seine Künste. In der Wiener Luftschiffer-Zeitung hieß es:

Einer der bekanntesten, geschicktesten und dabei waghalsigsten Berufsluftschiffer Deutschlands.

Schwestern des Ikarus

Wilhelm Geissler – Vogelflug –Holzschnitt 1965[19]

Die erste Frau in einer Montgolfiere[20]
Élisabeth Thible
Die Venus im Wolkenschiff

1757- nach 1784

Élisabeth Thible wurde 1765 in Lyon geboren. Über ihren familiären Hintergrund ist wenig bekannt, aber im Jahre 1784 brillierte sie schon als berühmte Opernsängerin. Zu diesem Zeitpunkt waren Heißluftballons gerade das größte Spektakel im Lande, und als der Aeronaut Fleurant die Sängerin fragte, ob sie ihn auf einer Fahrt begleiten würde, stimmte diese ohne Bedenken freudig zu.

Am 4. Juni 1784 erschien Madame Thible, gekleidet als die römische Göttin Minerva, mit Rüschenkleid und Federhut. Unter dem Applaus der Zuschauermenge bestieg sie den Korb. Dieser hing an einem prachtvollen Heißluftballon mit Namen *La Gustave*, der zu Ehren des schwedischen Königs Gustav III. so getauft worden war, denn dieser adlige Gast weilte in Lyon und würde dem Schauspiel zusehen.

Der Ballon erhob sich langsam in die Luft, die Seile am Boden wurden gelöst und Élisabeth Thible begann zu singen, zuerst zwei Duette aus Monsignys *La Belle Arsène*, eine der bekanntesten Opern der Zeit. Dann entschwand der Ballon in der Ferne und der Gesang verklang. Die Sängerin half Fleurant während der 45-minütigen Fahrt, das Feuer am Brennen zu halten und sie erreichten eine Höhe von über 2.700 Metern. Élisabeth Thible fühlte sich überglücklich. In ihrem Luftreisebericht heißt es: *Welche Lust, diese Erde zu verlassen, die von Neid und Eigennutz verzehrt wird. Welches Vergnügen, sich in die Gegenden des Himmels zu erheben, in denen majestätisches Schweigen und ewiger Frieden herrschen....Wir befanden uns wie ich glaube, in der größten Höhe, die man überhaupt erreichen kann; denn wir fingen an, Schmerzen in den Ohren zu empfinden, schwer zu hören, zu atmen, so dass wir uns genötigt sahen, das Feuer zu vermindern und herabzukommen.*

Der Flug war sanft, die Landung hingegen erwies sich als äußerst gefährlich. Noch während Élisabeth sang, platzte der Ballon und die Hülle bedeckte die beiden Passagiere. Fleurant konnte sich mit seinem Messer eine Lücke in die Ballonhaut schneiden, als er nach seiner mutigen Mitfahrerin schauen wollte, stellte er fest, dass diese sich schon alleine befreit hatte – sie lebte, nur ein verstauchter Knöchel schmerzte.

Man weiß nicht, ob Élisabeth Thible noch einmal eine Ballonfahrt unternahm, fest steht jedoch, dass ihre Fahrt mit Gustave III die zu diesem Zeitpunkt längste, höchste und erste mit einer Frau war.

Die Frau in der Luft. Phantasiedarstellungen verklärten
die raue Wirklichkeit frühzeitlicher Ballonfahrten.

Madeleine Sophie Blanchard

1778-1819

Marie Madeleine Sophie Armant wuchs in ihrem Elternhaus in Trois-Canons (heute Charente-Maritime) auf. Im Jahre 1804 heiratete sie im Alter von 26 Jahren den zu diesem Zeitpunkt schon 51jährigen, geschiedenen Ballonfahrer Jean-Pierre Blanchard. Der Aeronaut startete aus finanziellen Gründen nun immer häufiger mit dem Heißluftballon. Madeleine Sophie assistierte ihm bei den Vorbereitungen und begleitete ihn während der Fahrten. Ein Ausflug von Calais nach Dover blieb ihr in unvergesslicher Erinnerung.

Als Jean-Pierre 1809 starb, war seine Witwe 31 Jahre alt und arm wie eine Kirchenmaus. Als einziger Besitz blieben ihr die Ballons samt Zubehör. Um sich ihren Lebensunterhalt zu verdienen, stieg sie nun allein mit dem Ballon bei größeren Anlässen auf und führte zuweilen artistische Kunststücke auf einer Schaukel unter dem Ballon vor.

Die wagemutige Witwe erfreute sich schnell allseitiger Anerkennung und Napoleon I. (1769-1821) ernannte Madeleine Sophie zur *„Kaiserlichen Aeronautin"*. Sie trat mit ihrem Ballon 1810 bei seiner zweiten Hochzeit mit Erzherzogin Marie-Louise von Österreich (1791-1847) auf dem Pariser Marsfeld auf und 1811 bei den Feiern zur Geburt seines Sohnes Louis (1811-1832) in Saint-Cloud als große Attraktion.

Ihre Tourneen führten Madame Blanchard durch ganz Europa, unter anderem nach Neapel, Rom und Pisa.

Ihre 18. Auffahrt sollte nun im Jahre 1810 zur Herbstmesse in Frankfurt stattfinden. Vor dem Aufstieg hatte die Aeronautin ihren Ballon zu Werbezwecken in der halbfertigen Paulskirche ausgestellt. Weiterhin hatte man einen Ballon aus weißer Seide, über und über mit Blumen und Girlanden geschmückt, an einem Haken aufgehängt und mit einem Schmiedeblasebalg aufgeblasen. Nun konnte Frankfurts bessere Gesellschaft – sicher – im Korb des Luftgefährts posieren.

Der Aufstieg sollte am 16. September um 16 Uhr vom Klapperfeld aus stattfinden, bis dahin war der Ballon – ein ganz ordinärer, gestreifter – allerdings noch nicht mit Gas gefüllt. Als es abends begann, dunkel zu werden, schnitt die Luftschifferin die Gondel vom Ballon, knotete die Seile zusammen und stieg um 19 Uhr, nur in einer Seilschlaufe hängend, auf. Unter lautem Beifall startete sie. Dieser Beifall fehlte dagegen Carl Maria von Weber, dessen Oper *Silvaner* zur gleichen Zeit im Frankfurter Schauspielhaus vor leeren Bänken uraufgeführt wurde .

Madeleine Sophie Blanchard flog innerhalb von zwei Stunden bis in den Taunus, wo sie bei Steinfischbach (Nähe Camberg) in einem Baum hängen blieb. Es war kalt und es hagelte. Sie brauchte einige Zeit, um sich aus dem Baum zu befreien und irrte dann durchnässt im Wald herum, bis sie um drei Uhr morgens Steinfischbach erreichte, wo ihre Erfrierungen behandelt wurden. Am Nachmittag des folgenden Tages wurde sie nach Frankfurt zurückgebracht. Die Aeronautin musste mehrere Monate aussetzen, aber in Frankfurt hatte man ein Lied für sie gedichtet.

Willkommen uns, ehrwürdige Dame
willkommen auf dem Klapperfeld.
Was schert uns der profane Name,
wenn Ihnen das Lokal gefällt.
Sie wandeln um das Klapperfeld,
von nun an heißt es Luftfahrtwelt.
Vor mehr bereits als 20 Jahren
fuhr Blanchard glücklich bei uns auf;
dem Wind geziemend nachzufahren
so ging nordwärts hin seinen Lauf.
Begrüßt von Jubel, Ehr und Glück,
kam er wie im Triumph zurück.
Noch nicht so lange, so erneute
bei uns das große Schauspiel sich.
Herr Garnerin kam und erfreute
durch seine Auffahrt männiglich.
Ihm wies der Wind die Südbahn
zu seiner lustgen Reise an.

Sobald Madeleine Sophie Blanchard genesen war, machte sie waghalsig weiter. Besonders beliebt wurden ihre nächtlichen Vorstellungen, bei denen der Ballon mit bengalischem Feuer beleuchtet einen mystischen Anblick bot. Im Jahre 1819 stieg die Luftfahrtschifferin im Alter von 41 Jahren in den Gärten des Tivoli zu einer dieser riskanten Fahrten auf. Eine riesige Zuschauermenge hatte sich versammelt und blickte gespannt zum illuminierten Ballon hinauf. Da explodierte ein Feuerwerkskörper unkontrolliert, der sofort einen Brand entfachte. Das Publikum hielt den lodernden Ballon für eine neue Attraktion und klatschte begeistert, bis es erkannte, dass die Aeronautin verzweifelt gegen die Flammen kämpfte. Eine Rauchwolke hinter sich herziehend verschwand der Ballon zwischen den Häusern. Da begriffen die Zuschauer, dass sie Zeugen eines furchtbaren Unglücks geworden waren.

Nach ihrem Tod sammelte die Pariser Bevölkerung Geld für ein Ehrenmal der Ballonfahrerin, das heute auf dem Pariser Cimetière du Père-Lachaise (Divisio 13) steht.

Tod der Madame Blanchard (Druck Paris um 1895)

Wilhelmine Reichard

1788-1848

Johanna Wilhelmine Siegmundine Schmidt wurde 1788 als Tochter eines Braunschweigischen Mundschenks in Braunschweig geboren. Kindheit und Jugend verbrachte sie in ihrer Geburtsstadt. Im Jahre 1806 heiratete sie den Ballonfahrer Gottfried Reichard (1786-1844). Das Ehepaar hatte acht gemeinsame Kinder. Beide Ehepartner teilten die Leidenschaft für die Luftfahrt und zusammen bauten sie einen Gasballon, mit dem sie 1810 in Berlin starteten.

Am 16. April 1811 unternahm Wilhelmine Reichard von Berlin aus ihre erste Alleinfahrt im Ballon, wobei sie eine Höhe von 5.000 m erreichte und innerhalb von 90 Minuten eine Strecke von 33 km zurücklegte. Am 6. Mai folgte ebenfalls von Berlin aus die zweite Fahrt, die während eines Gewitters stattfand und deshalb nur eine Höhe von 2.100 m hatte und 17 Minuten dauerte.

Wilhelmine war von diesen Erlebnissen wie berauscht und sie drückte ihre Empfindung, das Gefühl der unendlichen Freiheit, in einem Gedicht aus:

Im September des gleichen Jahres folgte die dritte Ballonfahrt von Dresden aus. Wilhelmine Reichard erreichte dabei eine Höhe von etwa 7.800 m und wurde wegen Sauerstoffmangels bewusstlos. Als sie nach ungefähr 50 Minuten ca. 10,5 km zurückgelegt hatte, stürzte sie aus dem durch die zweite Fahrt beschädigten Ballon ab und landete bei Saupsdorf im Gebüsch. Wie durch ein Wunder überlebte sie und an der Absturzstelle wurde später ein Denkmal errichtet. Der Ballon stieg nach dem Unfall noch etwa 3000 Fuß weiter auf, bevor er zerplatzte. Nach dieser Erfahrung machte die Ballonfahrerin erst einmal eine Pause vom aktiven Fliegen und kümmerte sich um Aufgaben auf sicherem Grund, dazu gehörte literarisches Schreiben.

Am 19. September 1818 erschien Wilhelmine Reichards Beschreibung ihrer Erlebnisse als Luftschifferin im Braunschweigischen Magazin unter dem Titel *Geschichte meiner Luftreise*.

Erst nach fünf Jahren nahm die wagemutige Frau erneut wieder Ballonfahrten auf. Bis 1820 stieg sie noch 17 Mal in die Luft. Dabei führte sie als wissenschaftliche Mitarbeiterin ihres Mannes Wetterbeobachtungen und Temperaturmessungen durch und finanzierte mit dem eingenommenen Geld die 1821 gekaufte chemische Fabrik. Ihre letzte Fahrt fand zum zehnten Oktoberfest in München statt.

Im Jahre 1978 gab die Deutsche Bundespost eine Jugendbriefmarke mit Wilhelmine Reichards Ballonfahrt 1820 auf dem Münchner Oktoberfest aus.

Ballonfahrt Oktoberfest München 1820

Wilhelmine Reichard führte nach dem Tod ihres Mannes 1844 die chemische Fabrik noch vier Jahre lang weiter bis zu ihrem eigenen Tod. Sie starb 1848 an einem Schlaganfall; ihre Grabstätte befindet sich auf dem Friedhof Döhlen (Landkreis Oldenburg).

Die Venus im Ballon

Elise Garnerin

1791-1853

Elise Garnerin war die Nichte des bekannten Luftakrobaten André-Jacques Garnerin und ein Mitglied in seiner Luftakrobatentruppe. In Gesellschaft dieser Menschen lernte sie und wurde die erste Frau, die sich 1814 in Paris mit einem Fallschirm zur Erde gleiten ließ. Alle Warnungen der Sachverständigen, dass der Druck der Luft den zarten Organen eines jungen Mädchens gefährlich werden könnte, schlug sie in den Wind und folgte ihrer Bestimmung.

Bei der Siegesfeier in Paris zum endgültigen Sieg Preußens über Napoleon im Jahr 1815 imponierte sie König Friedrich Wilhelm III., als sie nach einem Sprung aus 1000 Metern Höhe wohlbehalten in einem Stoppelfeld landete und sich dem König und den Zuschauern keck mit dem um die Hüften gebundenen Fallschirm präsentierte. In den folgenden Jahren verdiente Elise Garnerin sich bei Vorstellungen in ganz Europa den Ehrentitel *Venus im Ballon*, wobei sie immer spektakulärere Schaustellungen zeigte und zwischen 1815 und 1828 insgesamt 39 Absprünge durchführte. Trotz ihres gefährlichen Gewerbes erreichte sie ein hohes Alter und starb friedlich im Bett.

Ballonführerinnen und Fallschirmspringerinnen überschritten mit ihren Träumen und Taten die Frauen damals eng gesteckten Grenzen. Ihre Kleidung, ihr Leben, ihr Ehrgeiz und ihr Wagemut machten sie zu gesellschaftlichen Außenseitern, die wegen ihrer großen Leistungen zwar akzeptiert und bejubelt, aber nicht in die Gesellschaft integriert waren.

Nicht nur die Ehefrau eines berühmten Manne[23]

Sophie Godard

19. Jahrhundert

Selbst 70 Jahre nach dem ersten Aufstieg eines Ballons im Jahre 1783 war es noch nicht selbstverständlich, dass auch Damen mit in den Korb steigen konnten, geschweige denn selbst einen Ballon führen durften. Auch gab es unterschiedliche Vorschriften und Verbote. In einer Verordnung der Polizeipräfektur für das Oberelsaß hieß es beispielsweise 1853:

Es ist keine Luftreise mit gasgefülltem Ballon zu gestatten, woran Damen oder Minderjährige teilnehmen. Nichtig ist die Polizeiverordnung, sobald die betreffenden Damen oder Minderjährigen Luftschiffer von Profession oder sich in Begleitung ihrer Gatten oder Väter befinden.

Die Französin Sophie Godard war die Ehefrau und Partnerin im Ballon des in der Mitte 19. Jahrhunderts weltweit bekannten Aeronauten Eugène Godard (1827-1890). Sie unterstützte ihren Ehemann mit dem Anfertigen von Ballonen, begleitete ihn wann immer möglich bei seinen Aufstiegen und reiste wahrscheinlich sogar mit ihm nach Amerika, Kanada und Kuba.

Zuhause in Europa konnte es jedoch geschehen, dass man ihr als Frau die Mitfahrt verweigern wollte. Sophie Godard zeigte sich in solchen Momenten als intelligente, selbstbewusste und gewitzte Person. Eines Tages versuchte ein Polizist sie am Aufstieg zu hindern, da erklärte sie:

„Herr Präfekt, das Gesetz befiehlt einer Frau, ihrem Manne zu folgen, wohin er sie führt. Solange diese Bestimmung nicht geändert ist, werde ich meinen Mann auf seinen Luftfahrten begleiten." Und das tat sie.

Die Lady im Ballon[24]
Carlotta Myers
1849-1932

Mary Breed Hawley, geboren 1849 in Boston, heiratete im Jahre 1871 den Ingenieur und Erfinder Carl Myers. Beide Ehepartner teilten die Leidenschaft für die Luftfahrt, und während Carl mit der Füllung der Ballons experimentierte, schnitt Mary die Stoffe zu, nähte die Bahnen zusammen und präparierte sie so, dass sie luftundurchlässig waren. Den von ihm selbst hergestellten Ballon fuhr Carl Myers 1880 allein, führte Veränderungen durch und studierte das Flugverhalten. Mary sah ihren Gatten in die Höhe entschwinden und wusste sofort, dass auch sie mit einem Ballon fahren wollte. Kurze Zeit später bestieg sie in Little Falls, New York, zum ersten Mal den Korb, das war ein spektakuläres Ereignis, zu dem zehntausende Zuschauer kamen. Sie sahen, wie sich der Ballon mit nur einer Frau in die Luft erhob, wie er schwebte und nach Osten davon driftete. Mary hatte als Attraktion vier Brieftauben mitgenommen, die sie in einer Höhe von 1.000 Metern frei ließ. Die Vögel umkreisten den Ballon bevor sie mit einer Botschaft zum Startplatz zurückkehrten.

Dieser erste Ballonaufstieg Marys wurde zum Wendepunkt im Leben der beiden Myers. Mary fand ihren Namen für ein solch wagemutiges Unternehmen zu gewöhnlich und nannte sich fortan *Carlotta, die Lady im Ballon*; ihr Ehemann schmückte sich mit dem Titel *Professor*. In den ersten zwei Jahren ihrer Karriere führte Carlotta über 60 Ballonaufstiege aus, ohne auch nur den kleinsten Unfall zu verursachen. Sie entwickelte sich im Laufe der Zeit zur Expertin, die ihren Ballon mit einer Perfektion beherrschte, die keiner ihrer männlichen Kollegen erreichte. Ihre Erlebnisse erzählte sie in dem Büchlein *Luftabenteuer im Wolkenland*, das von ihrem Gatten herausgegeben wurde.

Im Jahre 1889 kaufte das Ehepaar ein 30-Zimmer-Haus mit einem großen Anwesen in Frankfort, New York, welches volkstümlich *Ballon-Farm* genannt wurde, da überall Gasballons wie riesige Gemüseköpfe herumlagen. Hier experimentierte Carl Myers und Carlotta stieg zur Freude der Besucher in die Luft. Erst als Carl über 70 Jahre alt war, verkauften sie alles und zogen zu ihrer Tochter Elisabeth nach Georgia, die nicht viel vom Ballonfahren hielt, nachdem sie als Siebenjährige mit den Eltern in einem See gelandet war.

Die kühne Auguste[25]

Auguste Securius

19. Jahrhundert

Das Pfingstwochenende in Leipzig im Jahre 1880 wurde für Auguste Securius zu einem Höhepunkt in ihrer frühen Ballonführerkarriere. Der Gastwirt Seifert von den „Drei Mohren" hatte sie für die Feiertage engagiert und wies im Leipziger Tageblatt auf die besondere Attraktion in seinem Gasthof hin. In einem Artikel hieß es, dass die aus Hanf- und Seidenstoff bestehenden Securius-Ballons sämtlich von Frau Securius selbst, nur mit „Beihülfe der Nähmaschine", genäht worden seien. Der hier zum Einsatz kommende Ballon mit Namen „Neptun" wurde mit einer Höhe von 40 Fuß (etwas über 12 Meter) angegeben. Für den Pfingstsonntag 1880 wurde der erste Aufstieg angekündigt. Im Leipziger Tageblatt hieß es nach dem Ereignis:

Die Füllung des Ballons hatte am Nachmittag um 1 Uhr im Garten der „Drei Mohren" begonnen und die Vorkehrungen dazu waren so praktisch getroffen, daß nach einigen Stunden bereits die Ballonhülle ihre regelgerechte Form angenommen hatte. Bis sechs Uhr hatte sich der Aufsteigungsraum ziemlich mit Schaulustigen gefüllt, und es sind, wie wir vernehmen, etwa 600 Personen in demselben gewesen, die Eintrittsgeld bezahlt haben ...

Um 1/2 7 Uhr ging es los... die zum Festhalten dienenden Soldaten traten enger und enger im Kreis zusammen und Frau Securius erteilte gemessen und umsichtig ihre Befehle und so vollzog sich denn auch, nachdem das Commando „Los" gegeben, die Aufsteigung in prächtiger Weise; die Äste eines Baumes wurden leise von der Gondel gestreift, dann aber erhob sich der Ballon unter vieltausendfachen Jubelrufen der Zuschauenden majestätisch gleich einem Aar in den Äther empor ... Die Fahrt ist, wie uns die Luftschifferin selbst mittheilt, auf das Glücklichste verlaufen. Sie ist in Richtung der über Wachau nach Borna führenden Chaussee gesegelt und nachdem sie eine Lufthöhe von über 2.000 Meter erreicht hatte nach 3/4 stündiger Fahrt auf einem Acker gelandet. Der Ballon konnte durch herbeieilende Landleute in Sicherheit gebracht werden Frau Securius war mittels Leiterwagen bereits 11 Uhr abends in die „Drei Mohren" zurück gelangt.

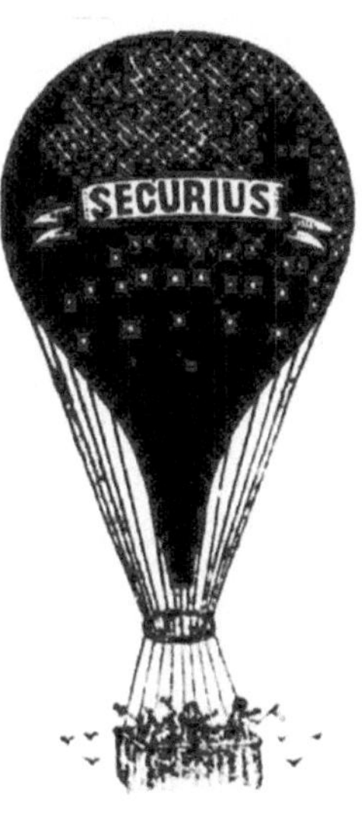

Drei Mohren.

Heute Sonntag zum 1. und Montag zum 2. Pfingstfeiertag

erste alleinige

Luftschifffahrt

der berühmtesten Luftschifferin der Gegenwart

Frau Auguste Securius

mit ihrem selbstgefertigten Lieblings-Luftballon „Neptun".
Von 8 Uhr an

grosses Extra-Concert.

Füllung des Ballons 12 Uhr.   Cassenöffnung 1 Uhr.
Entrée für Erwachsene 50 ₰, Kinder die Hälfte.   Aufsteigen des Ballons 6 Uhr.

Erlaube mir ein hochgeehrtes Publicum ganz ergebenst einzuladen.   Hochachtungsvoll   G. Seifert.

NB. Heute Abend **Abendunterhaltung** von den Quartett- u. Concertsängern Simon, Eyle, Stahlheuer ꝛc.

Der zweite Aufstieg am Pfingstmontag verlief abermals ohne Probleme. Für die dritte Fahrt am Sonntag nach Pfingsten hatte sich Frau Securius zur Abwechslung und Erinnerung für die Zuschauer etwas Besonderes ausgedacht, sie warf beim Aufstieg Blumen und Fotografien in das Publikum und als Ballast führte sie diesmal keine Sandsäcke mit, sondern einen Ballen Papier, bestehend aus kleinen Prospekten des beliebten humoristischen Journals *Schalk*. Die Zuschauer waren begeistert.

Leider endete diese Ballonfahrt äußerst ungemütlich. Es begann zu regnen und zwar so stark, dass das Regenwasser an der Wandung des Ballons herunterfloss und sich in die Gondel ergoss. Auguste Securius landete schließlich nass, aber unverletzt in einem Rapsfeld. Die herbeieilenden Bauern waren begeistert, wollten jedoch kein Fuhrwerk für den Rücktransport bereitstellen. Als das der Rittergutsbesitzer des Ortes, ein Herr Kabitzsch, vernahm. ließ er sofort zwei Pferde anspannen, und dann wurde die *„Kühne Auguste"* mit ihrem nassen Ballon zu den *Drei Mohren* zurückgebracht. Im Gasthaus hatte man inzwischen das Tanzbein geschwungen und begrüßte nun die Heimkehrerin mit lautem „Hurra".

Emmy la Quiante

Frau Oberleutnant la Quiante

Emmy la Quiante war gemeinsam mit ihrem Ehemann, dem Oberleutnant Charles la Quiante, Mitglied im *Berliner Luftschifferklub*. Der Luftschiffer-Verband der Ballonführer zählte 1908 427 weibliche Mitglieder, darunter fünf geprüfte Führerinnen. Die erste Frau, welche diese Prüfung 1907 (oder 1908) ablegte, war die Berlinerin Emmy la Quiante, zuweilen mit dem Titel ihres Gatten „Frau Oberleutnant la Quiante“ genannt. Dabei war Emmy eine intelligente, selbstbewusste Frau, die gut für sich selbst stehen konnte und keine Herausforderung ablehnte. So nahm sie gleich nach bestandener Prüfung am 3. Mai 1908 an einer internen Zielfahrt des Berliner Vereins von Schmargendorf aus allein als Konkurrentin bei einer Wettfahrt teil. Ihre Fahrt dürfte die erste gewesen sein, bei der eine Dame der Oberschicht in Deutschland allein in einem Freiballon aufgestiegen ist. Überliefert ist auch, dass Emmy la Quiante im Jahre 1909 den 2. Preis bei der *Breslauer Fuchsjagd* erhielt (hier verfolgen die Wettbewerbsteilnehmer einen vorausfahrenden Ballon.)

Emmy la Quiante setzte sich stets für die Gleichberechtigung der Frauen ein, immer unter der Voraussetzung, dass Frauen das Gleiche leisten können wie Männer und dass deshalb an sie auch die gleichen Anforderungen bei Prüfungen gestellt werden müssen. Für das Buch von Dr. Bröckelmann, dem Vorsitzenden des Fahrtenausschusses des Berliner Vereins für Luftschifffahrt mit dem Titel *Wir Luftschiffer – Die Entwicklung der modernen Luftfahrttechnik in Einzeldarstellungen*, hat Frau la Quiante einen ausführlichen Bericht über die adäquate Kleidung von Luftschifferinnen geschrieben. Unter den Ausführungen von 25 Fachleuten zu unterschiedlichen Themen der Luftfahrt ist im Jahre 1909 dies der einzige Beitrag einer Frau.[25]

Sie schreibt:

Ein wesentliches Moment zur Hebung des Wohlbefindens einer Dame im Korbe und zur Verminderung eventueller Gefahr beim Landen bildet die Kleidung der Luftschifferin. Berücksichtigt man, daß Platzmangel und Gewichtsersparnis keinen Kleidungswechsel gestatten, so müssen an ein derartiges Kostüm sehr vielseitige Anforderungen gestellt werden ... es soll dauerhaft, bequem, bei Kälte und Wärme zu tragen, durch Sonne und Regen nicht leidend, nicht hinderlich, mit einem Worte ein Sportanzug sein; nicht ein kokettes Kostüm aus Seide und Tand, das seinen Zweck, die Trägerin zu verschönen, nur vor, nicht nach der Fahrt erfüllt, darf es sein. Es soll auch durch schwierige Landungen im schlechten Wetter keine wesentliche Einbuße erleiden.

Die Entwürfe zu Luftschifferinnenkostümen, die in den Tageszeitungen erscheinen, dürften jedoch allen anderen als den oben angegebenen Zwecken entsprechen, und man ersieht leicht, dass sie nicht von einem Luftschiffer stammen können. Während die Frage

des Anzuges für die mitfahrenden Damen nur Sache der persönlichen
Anschauung ist, wird sie bei den Führerinnen eine sehr wesentliche
für die Sicherheit der Geführten. Nur wenn die Führerin sich in ihrem Anzug voller Bewegungsfreiheit erfreut, kann sie den hohen an
sie gestellten Anforderungen entsprechen. Jede Dame, die sich um die
Führerqualifikation bemüht, soll sich bewusst sein, dass sie dasselbe
leisten muß wie der Führer.

Ballon-Mode-Karrikatur aus dem Ende des 18. Jahrhunderts.

Die Königin der Lüfte[26]

Käthe Paulus
alias Miss Polly

1868-1935

Käthe Paulus

Käthe Paulus, gerufen Käthchen, wurde am 22. Dezember 1868 zwei Tage vor Heiligabend um 4 Uhr früh in dem Dorf Zellhausen bei Seligenstadt im Kreis Offenbach am Main geboren. Anna Maria Fun, die 22jährige unverheiratete Mutter, ließ das Mädchen noch am gleichen Tag von Kaplan Strauß auf den Namen Katharina katholisch taufen.

Einige Zeit nach Käthchens Geburt lernte Anna Maria einen Mann kennen, der ihr gefiel. Es war Johann Wilhelm Paulus aus Beerfelden im Odenwald, der Sohn des dortigen Schmiedemeisters Jacob Paulus. Johann hatte ebenfalls Schmied gelernt und verdingte sich zuweilen als Tagelöhner, nachdem er Anna Maria Jung geheiratet und deren Tochter Käthe adoptiert hatte. Zellhausen zählte um 1870 etwa 1.000 Einwohner, die nicht mit Reichtum gesegnet waren. Das Geburtshaus Käthchens lag in der Hirtengasse und trug die Hausnummer 11.

In dem bescheidenen Haus verbrachte das Mädchen bis etwa 1876 seine ersten Lebensjahre und besuchte die Dorfschule. Schon damals zeigte sich das Kind ideenreich und wagemutig. Es wird erzählt, dass sie sich im Hof ein Seil spannte und darauf balancieren lernte.

Im Jahre 1876 zog die Familie in den Frankfurter Vorort Oberrad, wahrscheinlich weil sich der Vater dort bessere Arbeitsbedingungen versprach. Nach zwei Jahren wurde wieder umgezogen, diesmal in die Innenstadt von Frankfurt, und Käthe absolvierte hier ihr letztes Volksschuljahr. Anschließend begann sie eine Ausbildung als Näherin in einer Werkstatt für Damenbekleidung, diese Schneiderlehre sollte ihren weiteren Lebensweg bestimmen.

Um 1884 übersiedelte man dann nach Darmstadt, wo der Vater eine Stelle als Maschinenheizer gefunden hatte. Doch schon am 26. Dezember 1887 starb Johann Wilhelm Paulus im Alter von 40 Jahren und 10 Monaten, wie es in der Sterbeurkunde heißt. Daraufhin kehrten 1889 Mutter und Tochter Paulus nach Frankfurt zurück. Dort lebten sie mal in dieser, mal in jener Wohnung; was ihre Bleibe anging, führten die beiden ein unstetes Leben.

Begegnung mit einem Luftschiffer

Es ist anzunehmen, dass Mutter und Tochter Paulus in Frank-
furtam Wochenende den Zoo besuchten und die junge Käthe dort
zum ersten Mal einen Heißluftballon starten sah. Unterschiedliche Versionen werden von der ersten Begegnung der beiden
Luftakrobaten erzählt, wahrscheinlich könnte sein, dass die mutige Käthe sich dem verwegenen Mann selbst vorgestellt und ihre
Nähkünste angeboten hat.

In ihren eigenen Erinnerungen heißt es:

Im Jahre 1890 lernte ich in meiner Vaterstadt Frankfurt a. M. den Luftschiffer Lattemann kennen. Seine Kühnheit und Unerschrockenheit imponierten mir, und als er mich einlud, eine Fahrt mit ihm zu machen, war mein Entschluß gefaßt: Ich mußte Luftschifferin werden.

An anderer Stelle schreibt sie:

Meine Mutter war mit mir in Wiesbaden zur Kur. Ich ging über die Straße, als mich die Rufe anderer Leute aufschauen ließen. Ein Luftballon trieb da, aus dem sich plötzlich ein Mensch löste. Er fiel. Mir stockte das Herz und ich betete für ihn, daß Gott ihn glücklich zur Erde kommen lassen möchte, als die hinter ihm herflatternde Fahne sich zu einer Halbkugel blähte und ihn langsam herabtrug. Mir schlug das Herz. Zum ersten Male hörte ich den Namen Lattemann. Alles sprach von ihm. Ich hatte seinen dritten Fallschirmabsprung gesehen. Es war der 21. Juni 1889.

Ich war ein Mädchen meiner Zeit. Nicht einmal Schlittschuh laufen konnte ich, denn meine Mutter hielt das für ein Mädchen unnötig und gefährlich. Nie hatte ich mich um Luftschiffahrt und Luftschiffer gekümmert. Aber dieser Mann hatte mir großen Eindruck mit seinem Mut gemacht.

Ein paar Tage später sagte meine Mutter:„Weißt du auch Käthchen, wer in dem Tanzsaal da hinten im Garten ist? Das ist der Luftschiffer Lattemann, von dem die Leute sprechen! Er bessert seinen Ballon aus!“

Mir stockte einen Augenblick der Atem, dann platzte ich mit der Frage los: „Wie sieht er aus? Schließlich war ich ja auch eben 19 Jahre alt. – Ich ging natürlich gleich hinunter. Lattemann war mitten in der Arbeit. Die Ballonhülle war zerrissen und musste bis zum nächsten Aufstieg geflickt werden. Ich sah den schlichten Mann, der da so sicher hantierte, immer wieder an, weil er doch so viel Mut hatte und weil ich ihn hatte abspringen sehen.

Lattemann merkte, wie mich das alles interessierte. Wir kamen ins Gespräch, und auf einmal fragte er mich, ob ich nicht Lust hätte, einmal mit ihm aufzusteigen. Es durchfuhr mich heiß und ich antwortete ohne Zögern: „Ja!" und ob ich etwa auch mal abspringen wollte? „Aber natürlich!", antwortete ich, froh, daß er solches Vertrauen in mich setzte. Aber es war noch lange nicht so weit. Wir waren längst wieder nach Frankfurt zurückgekehrt, als plötzlich Herr Lattemann bei uns zu Besuch kam und wir uns näher kennenlernten.

Käthe Paulus wurde zur unersetzlichen Helferin des von ihr so bewunderten Mannes. Geschickt kümmerte sie sich um seine

Ausrüstung, nähte und reparierte, denn Lattemann ließ nach seinem Absprung den Ballon weiterfahren und dieser landete meist im Gebüsch und kam beschädigt, zuweilen sogar in Fetzen wieder zurück. Während dieser Zeit verliebten sich beide ineinander, und am 7. März 1891 erblickte der gemeinsame Sohn Willy Hermann Paulus das Licht der Welt. Käthchen gab Lattemann immer als ihren Verlobten aus und ihre Hausgemeinschaft wusste zu berichten, dass der Ballonfahrer ganz oft in der Wohnung zu Besuch war und sich um das „Lattemännchen" kümmerte.

Aber Aufsteigen durfte Käthchen noch nicht, denn Lattemann war vorsichtig. Darauf beruhte größtenteils auch sein Erfolg. *Zuerst machte Lattemann mich mit der Herstellung der Ballons und Fallschirme bekannt. Auf diese Weise wurde ich mit den technischen Hilfsmitteln, die mit der peinlichsten Vorsicht und Sorgfalt angefertigt werden müssen, vertraut. Diese Vorsicht und Sorgfalt war umso mehr geboten, als es sich namentlich bei den Fallschirmen bei dem geringsten Versehen um Leben und Tod handelte.*

Käthe, die gelernte und geschickte Näherin, reparierte anfangs nur die beschädigten Ballonhüllen, da diese des Öfteren im Geäst von Bäumen oder anderen Hindernissen hängen blieben.

So wurde es 1893, bis Käthes Traum, mit dem Ballon zu fahren, in Erfüllung ging. In diesem Jahr wollte Hermann Lattemann zusammen mit seiner Käthe in Wiesbaden aufsteigen, doch der Kurdirektor lehnte die Anfrage mit folgender Begründung ab: Die Behörden verboten *„die praktische Betätigung einer Dame in der Luftfahrt"*. Außerdem wurde eine Genehmigung nur nach sechs erfolgreichen Aufstiegen erteilt.

Da erhielt Lattemann im Sommer 1893 eine Einladung zu einem Ballonaufstieg samt Fallschirmabsprung nach Nürnberg. Das Spektakel sollte der Höhepunkt eines Schützenfestes werden, und auch ein Passagier sollte die Gelegenheit haben mitzufahren.

Nun war Lattemann in Schwierigkeiten, denn er konnte den Ballon nicht wie gewöhnlich alleine weiterfahren lassen. Ohne lange zu überlegen, bat er die Stadtverwaltung um die Genehmigung, Käthchen Paulus als Copilot mitzunehmen, und diese wurde ihm anstandslos erteilt. Käthchen war von dem Wunsch beseelt, sich in die Luft zu erheben, und so verliebt wie sie war, nahm sie die Herausforderung an. Lattemann gab ihr genaueste Anweisungen und beschwor sie, sich nichts anmerken zu lassen. Sie erinnerte sich an dieses besondere Ereignis:

Es hat einige Zeit gedauert, bis sich mein Lehrmeister entschloß, mich an seinen Auffahrten teilnehmen zu lassen; denn er war sich seiner Verantwortlichkeit wohl bewußt. Endlich, im Sommer 1893 durfte ich die erste Ballonfahrt mitmachen. Es war bei einer festlichen Gelegenheit in Nürnberg. Lattemann wollte dort einen Fallschirmsturz unternehmen und brauchte einen Fahrer, der den Ballon nach seinem Sturz weiterführen und bergen sollte. Meist ließ er bis dahin den Ballon nach dem Absturz fliegen und erhielt ihn dann häufig in zerfetztem Zustand wieder zurück.

Mein sehnlichster Wunsch ging also in Erfüllung. Ich durfte mitfahren. Mir schlug zwar das Herz, aber ich sagte mir: Dein Lehrmeister Lattemann hat schon so viele Fahrten unternommen und es ist ihm nichts dabei zugestoßen, weshalb soll es bei dir anders werden.

Nun hatten sich in Nürnberg Passagiere angemeldet. Lattemann schärfte mir daher ein, nicht merken zu lassen daß es meine erste Luftfahrt wäre, denn erst nach sechs Fahrten mit einem Führer durfte man damals selbst einen Ballon führen. Er hatte mir außerdem jeden Handgriff gezeigt. Zum Ausgleich des Gewichtsverlustes sollte ich gleich bei seinem Absprung das Ventil ziehen.

Aber als er nun über den Korbrand stieg, war ich von alldem so beeindruckt, daß ich vergaß, das Ventil zu ziehen. Der Ballon schnellte dadurch sofort von 900 Metern auf 3.500 Meter Höhe. Wir waren begeistert; auf einmal aber wies der Passagier erschreckt auf

die Ballonhülle, die an mehreren Stellen einriß. „Der Ballon platzt!"
zuckte es mir durch den Kopf. Sofort zog ich kräftig das Ventil, mit
dem Erfolg, daß wir schnell zu sinken begannen. Schneller sogar, als
mir lieb war. Also Ballast heraus, um den Fall abzuschwächen! Aber
der Ballon reagierte nicht. Offenbar verlor er durch die Risse in der
Hülle zuviel an Gas. Auch unsere Mäntel mussten über Bord, Cog-
nacflasche und alles irgendwie Entbehrliche!

Aber da kam schon die Erde heran und gleich darauf prasselten wir
in ein Hopfenfeld. Die Hülle ging noch mehr in Fetzen. Ich schlug
mir den Schädel blutig. Aber was tat das alles gegenüber dem stolzen
Bewusstsein, dass im großen und ganzen doch die Sache geklappt
hatte. Der Passagier war auch zufrieden und Lattemann noch mehr,
als wir auf einem Ochsenwagen zu dem von Tausenden von Menschen umringten Aufstiegsplatz zurückkehrten. Die Begeisterung der
Dazueilenden war groß, als sie ein Mädchen vorfanden, statt des erwarteten Luftschiffers.

Es war der 19. Juli 1893. Somit war ich bei meiner ersten Fahrt
schon Führerin geworden. Dieses Prädikat erhält man erst, nachdem
man mindestens sechs Fahrten mit einem erprobten Fahrer unternommen hat.

Die zweite Fahrt, einige Tage später, ging schon besser. Lattermann
war wieder abgesprungen und ich sollte Passagier und Ballon glatt
zur Erde zurückbringen. Ich fühlte mich nun schon ganz als alter
Ballonführer. Alles ging auch ganz glatt, nur wurde im letzten Augenblick der Ballon über einen Wald getrieben. Ich versuchte, ihn in
einer Lichtung zur Erde zu bringen, mit dem Erfolg, daß wir uns auf
ein paar einsame Bäume setzten. Am Schlepptau kletterten wir zur
Erde. Herbeieilende Bauern fällten die Bäume, damit wir den Ballon
wiederbekamen.

Der erste Absprung

Auf der dritten Fahrt sprang ich zum ersten Mal selbst ab. Es war acht Tage später. Lattemann wollte den Ballon mit dem Passagier zu Boden bringen. Der Entschluß, mich springen zu lassen, war für ihn schwerer als für mich. Er nahm seine Verantwortung nicht leicht. Als es so weit war, daß ich aussteigen sollte, sah er mich einen Augenblick an. Dann sagte er nur leise: „Mit Gott!" So war er. Ich sah Lattemann nochmals in die Augen, stieg über den Korbrand und ließ mich in die Tiefe gleiten. Es war doch ein eigenartiges Gefühl. Ich schloß vor und während des Absprungs vom Korbrand die Augen. Angst hatte ich nicht, denn ich hatte Vertrauen zu meinem Fallschirm. Ich hatte auch noch keine Übung. So schwang ich mich nicht seitlich weg, sondern ließ mich zwischen den Leinen hindurch fallen. Die drei Sekunden bis zum Aufgehen des Schirms kamen mir doch etwas länger vor als ich gedacht hatte. Ich verspürte einen starken Druck in den Ohren und Atembeklemmung während des Fallens. Die Hülle knatterte über mir im Wind. Mich überkam ein beglückendes Gefühl, als ich nach einem starken Ruck den ersten Blick nach oben wandte und sah, daß der Schirm sich langsam aufspannte. dann kam das langsamere Pendeln unter dem weit geöffneten Schirm. Ich hatte Zeit, mir die Landschaft anzusehen. Dann kam die Sorge um den Landeplatz, denn ich mußte doch in der Nähe des Aufstiegsplatzes, der meistens in größeren Städten lag, den Absprung ausführen; und es war kein angenehmes Gefühl, beim Hinabgleiten Kirchtürme, Fabrikschornsteine, Hausdächer usw. auf mich zukommen zu sehen. Nach einer Viertelstunde war ich aus 1.200 Metern Höhe herabgeschwebt, aber im letzten Augenblick blies mich der Wind auf einen Bahndamm hin, auf dem ausgerechnet ein Zug heran dampfte. Der Lokomotivführer bremste. Alle Passagiere waren an den Fenstern. Ich kam noch eben über die Gleise und landete glatt.

Der Doppelabsturz

Käthchen Paulus war glücklich. Nun fehlte ihr nur noch ein „Doppelabsturz". Was das bedeutet, erklärte sie ausführlich:

Der Doppelabsturz

Der dem Kunststück zugrunde liegende Gedanke ist die Wiederholung eines Fallschirmabsturzes vom Luftballon durch einen weiteren Absturz vom entfalteten Fallschirm mittels eines mitgeführten zweiten Schirmes. Hierbei muss man die Vorsicht beachten: die erste Absturzhöhe sehr hoch zu wählen, zirka 1.200 Meter, den zunächst zur Entfaltung kommenden Fallschirm entsprechend größer und stärker zu bauen, damit er imstande ist, die größere Last zu tragen und die Gefahr vermieden wird, daß er bei der Entfaltung, die das Material in hohem Maße beansprucht, zerrreißt. Die Technik des Doppelfallschirms erscheint auf den ersten Blick sehr einfach, wenn man aber berücksichtigt, daß hierbei von Kleinigkeiten Leben und Tod abhängt, so wird man zugeben müssen, daß jedes einzelne genau und gut überlegt und mit großer Sorgfalt vorbereitet werden muss.

Im Allgemeinen hängen beide Fallschirme zusammengerollt an einer Trapezstange, gemeinsam befestigt durch ein um Paket und Stange laufendes Gurtband.

Der Doppelabsturz, selbst für die wagemutige junge Frau ein außergewöhnliches Geschehen, sollte schon bei ihrem dritten Aufstieg in Elberfeld stattfinden. Auch wenn Käthe Paulus genau wusste, wie der Doppelfallschirm funktionierte, war sie doch aufgeregt. Am festgelegten Tag regnete es in Strömen und Lattemann wollte Käthe nicht springen lassen, aber sie bestand darauf. Schon in 400 Meter Höhe verschwand der Ballon in den Wolken und war für das Publikum nicht mehr sichtbar. Käthe befand sich in einer grauweißen Wolkenhülle, dennoch war sie fest entschlossen zu springen. Wagemutig schwang sie sich auf den Korbrand und nach einem kurzen Moment des Zögerns gab sie sich einen Ruck und sauste aus einer Höhe von 1.200 Metern in die Tiefe. Im ersten Augenblick sah sie nichts, aber dann öffneten sich beide Fallschirme, die Erde kam in ihr Blickfeld und schneller, als ihr lieb war, landete sie in einem Buchenwald.

Nach diesem Erfolg begannen für Käthe Paulus herrliche Tage; sie konnte zusammen mit ihrem Geliebten auffahren und auf den Werbeplakaten erschien sogar auch ihr eigener Name.

mit einem Fallschirm
durch die luftigen Höhen
der Erde entgegen

Der letzte gemeinsame Aufstieg

$\mathcal{E}$s geschah 14 Tage später, am 17. Juni des Jahres 1894. An diesem schicksalsschweren Tag waren Käthchen und Lattemann nach Krefeld verpflichtet. Vom Garten der Zentralhalle aus sollten sie aufsteigen. Sie beschlossen, dass Käthchen den Absprung wagen würde und anschließend wollte Lattemann mit seinem „Fallschirmballon" niedergehen. Er hatte dieses Experiment erst zweimal gezeigt, es stellte damals etwas vollkommen Neues dar. Sein Ballon war von einem metallenen Reifen umschlossen und gewissermaßen in zwei Hälften geteilt. Ließ Lattemann nun Gas ausströmen, so klappte die untere Hälfte der Ballonhülle nach innen und legte sich dicht gegen die obere Hälfte. Der Metallreifen bildete nun den Rand, von ihm aus gingen Seile zum Korb, so dass der ganze Ballon eine Art Fallschirm darstellte und wie ein Schirm langsam zur Erde sank. Diese Konstruktion würde, falls sie sich bewährte, die Sicherheit der Ballonfahrten erheblich vergrößern.

Es mochte etwa sieben Uhr sein, als Käthchen und Lattemann mit ihrem Ballon *Fin du ciècle* über Krefeld schwebten. Die Luft war ruhig und der Himmel wolkenlos klar. Käthchen machte sich zum Absturz fertig und wie gewöhnlich gab sie Lattemann die Hand; er rief ihr einen fröhlichen Gruß nach und verfolgte sie mit den Augen, bis ihr Schirm sich öffnete. Dann zog er die Leine des Ventils und sprang ...

Die Menschen unten schrien auf vor Entsetzen auf, denn der Ballon verwandelte sich nicht in einen Fallschirm, nein, er kreiselte. Die Hülle drehte sich wie ein Lappen zusammen, die Luft konnte nicht eindringen. In Schlangenwindungen und mit rasender Schnelligkeit sauste Lattemanns Ballon der Erde entgegen.

Und Käthchen? Sie hing an ihrem Fallschirm und sah, kaum zehn Meter entfernt, den geliebten Mann an ihr vorüberstürzen. Sie sah seine verzweifelten Bemühungen, Luft in die Hülle zu bekommen, sah ihn fallen und zwischen den Häusern verschwinden. Sie sah alles und konnte nicht helfen. Nicht einmal zu ihm eilen konnte sie, sie musste warten, wann und wo ihr Fallschirm sie absetzen würde. Qualvoll langsam sank sie, halb ohnmächtig vor Entsetzen. Würde sie ihn noch lebend antreffen?

Lattemann war in die Dissemer Straße gestürzt. Augenzeugen berichteten später, er habe bewusstlos in den Gurten gehangen, sei auf einen Zaun aufgeschlagen und mit gebrochenem Schädel und vielen Knochenbrüchen auf dem Pflaster liegen geblieben. Nur der Ballon war unversehrt. Man trug den Luftschiffer in das nächste Haus. Wenige Minuten später starb er. Als Käthchen, die draußen vor der Stadt gelandet war, in einem Wagen angerast kam, war er bereits tot.

Drei Tage später wurde der abgestürzte Ballonfahrer auf dem evangelischen Friedhof in Krefeld beigesetzt; eine riesige Menschenmenge geleitete den Toten. Käthchen lag unterdessen im Krankenhaus. Sie hatte einen Nervenschock erlitten und phantasierte. Unaufhörlich sah sie den Sprung und immer wieder erlitt sie in ihren Träumen das entsetzliche Geschehen. So lag sie viele Wochen. Als sie wieder bei klarem Bewusstsein war, schwor sie. „Nie, nie mehr steige ich auf!"

Doch die Anteilnahme vieler Menschen half der Unglücklichen, ihr seelisches Gleichgewicht wiederzufinden. Später berichtet sie:

Von allen Seiten kamen Briefe, körbe-, wagenvoll, und alle enthielten immer wieder dieselbe Frage: Wann steigen Sie wieder auf? Und so entschloß ich mich schließlich, auch deshalb, weil Verträge mich banden, wieder aufzusteigen.

Kaum hatte sich Käthe Paulus vom Tod ihres Geliebten erholt, da traf sie ein zweiter Schicksalsschlag. Im Juli 1895 starb der kleine Willy Hermann, gerade vier Jahre alt, in Frankfurt an Diphtherie. Von nun an arbeitete Käthe noch härter.

Ein Neuanfang

Aus Käthchen Paulus wird „Miss Polly"

Käthchen Paulus war sich bewusst, dass sie von nun an allein für ihr Leben verantwortlich war und sie agierte zielstrebig und intelligent. Zuerst investierte sie in neue Ballons und kreierte ein aufregendes Programm mit waghalsigen Auftritten, die das Publikum fesseln würden. Als erste weibliche Aeronautin mit ihrem Künstlernamen *Miss Polly,* ging sie zuerst in Deutschland und dann auch international auf Tournee. Dabei sorgte sie gezielt für eine individuelle, auffallende Erscheinung. Meist sah ihr erwartungsvolles Publikum eine junge Frau in ungewöhnlicher Kleidung, dann trug sie Pluderhosen, hohe Ledergamaschen oder Stiefel, eine weiße Bluse und eine flache Matrosenmütze.

Käthe Paulus begann mit ihren Auffahrten im Frankfurter Zoo, dabei handelte es sich durchgehend um Sonntage, und nur während der Monate Mai bis August, da man in der übrigen Zeit von ungünstiger Witterung ausgehen konnte. Alte Frankfurter berichteten, dass sie sich zuverlässig auf das Spektakel freuen konnten. Folgende Termine für die Stadt am Main wurden gefunden.

16.6.1895, 21.6.1896, 21.8.1898, 18.6.1899, 28.7.1901, 26.7.1903, 21.7.1907, 25.8.1907, 17.5.1908, 21.5.1911, und 19.5.1912, aber es ist davon auszugehen, dass die verwegene Luftschifferin viel öfter in Frankfurt aufgefahren ist. Dann hieß es in der Zeitung:

„... über zwanzigtausend Tageskarten waren wieder ausgegeben worden, hinzu kamen noch einige tausend Abonnenten, die ihrem Liebling zujubelten und „gute Fahrt" wünschten... und um 8 Uhr traf Fräulein Paulus lebhaft begrüßt wieder im Zoologischen ein.

Da Käthes Veranstaltungen an verschiedenen Orten in Deutschland und sogar im europäischen Ausland durchgeführt wurden, mussten die schweren Ballone verschickt und allerlei Vorkehrungen getroffen werden. Es zeigte sich, dass Frau Paulus außer einer kühnen Pilotin auch eine wagemutige Planerin und besonnene Geschäftsfrau war. Sie entwarf einen eigenen Briefbogen für geschäftliche Korrespondenzen, denn zuallererst musste ihr in den betreffenden Städten die Erlaubnis zum Aufstieg erteilt werden, dann galt es zu erkunden, wo sie auffahren, wo sie Gas tanken und alles weitere regeln konnte.

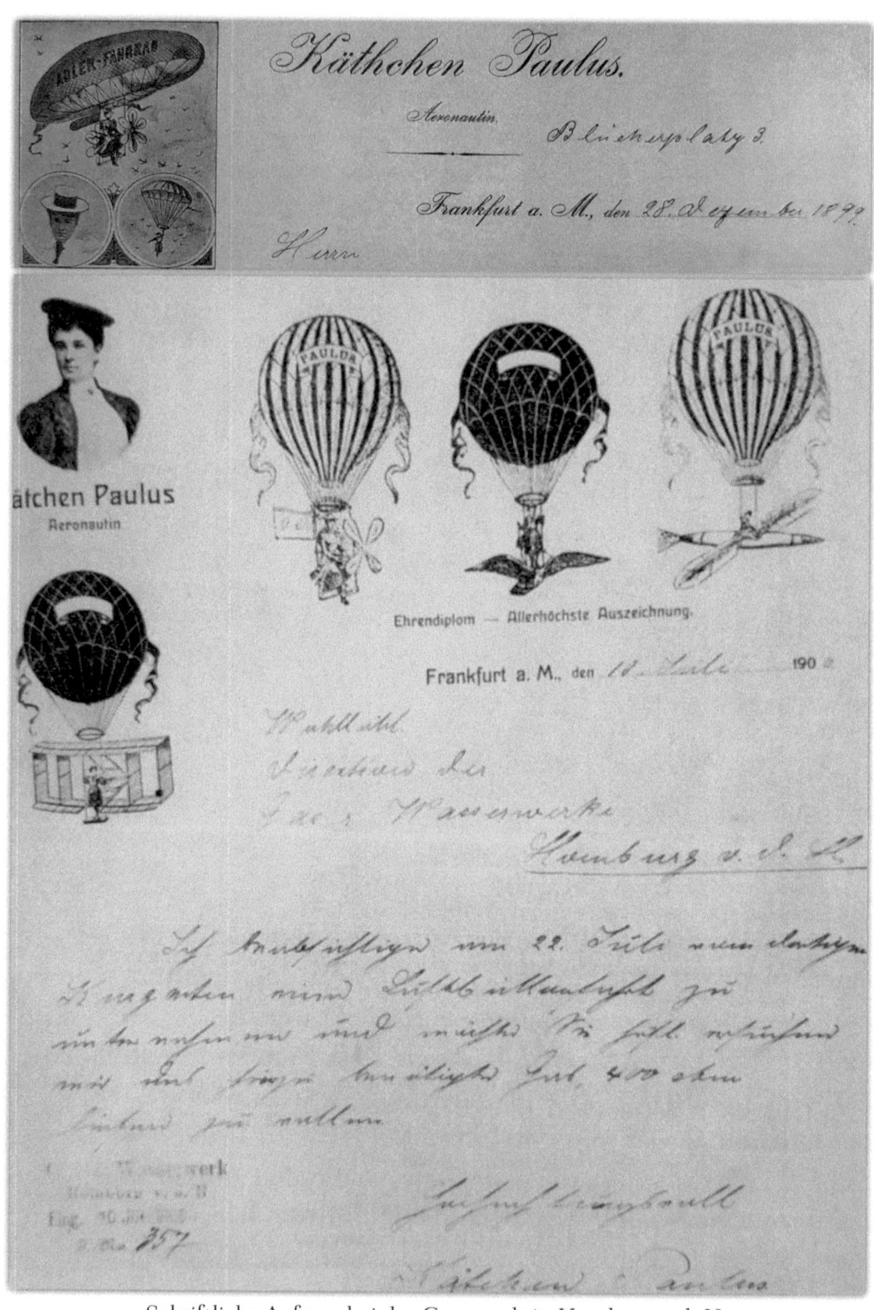

Schriftliche Anfrage bei der Gasanstalt in Homburg v. d. H.

Käthe Paulus hatte sowohl bei Lattemann als auch bei Auguste Securius beobachten können, wie eine perfekte Ballonauffahrt vorbereitet und durchgeführt wurde. Die mittlerweile schon erfahrene Auguste Securius hatte 1881, 1882, 1883 und noch am 19.7.1891 den Frankfurter Zoo als Ausgangspunkt für ihren Ballonstart gewählt und Käthchen wollte hier ebenfalls starten.

Rudolf Bonnet beschrieb die Vorbereitungen für das Spektakel genau:

Das bevorstehende Ereignis wurde zunächst in den Tageszeitungen und durch Plakate, auf denen Käthchen mit ihrem Ballon abgebildet war, der Bevölkerung angekündigt. Am Tag des Auftritts selbst war der Eintrittspreis in den Zoo auf 50 Pfennig ermäßigt und außerdem lautete mit einer in damaliger Zeit auch sonst stereotypen Wendung eine weitere Vergünstigung: „Kinder und Militär zahlen die Hälfte." Ferner war zu lesen: „Anfang der Ballonfüllung um 2 Uhr. Aufstieg mittags um 6 Uhr (bei günstiger Witterung)" und gelegentlich auch: „Beim Doppelkonzert wirkt die Infanteriekapelle mit". Die Zahl der verkauften Tageskarten wird einmal mit etwa 20.000 angegeben. rechnet man zu diesen Besuchern noch die Abonnenten hinzu, derer bei freiem Eintritt ebenfalls wohl nicht wenige anwesend waren, dann gewinnt man eine Vorstellung von der Anziehungskraft dieser Darbietung.

Die Höhe des mit Gas gefüllten Ballons betrug in etwa 12 Meter, sein Durchmesser ungefähr 3 Meter. An Aufschriften auf der Hülle sind die Benennungen „KOSMOS" und „METEOR" am bekanntesten. Beim Aufstieg stand Käthchen in der korbartigen Gondel, auf deren Rand sie sich in einigen hundert Metern Höhe setzte, wenn sie einen Absprung vorhatte. In die Lüfte entschwebend, pflegte Käthchen den begeisterten Menschenmassen zuzuwinken, während diese bangenden Herzens der ersten Nachricht über einen glücklichen Ausgang der Fahrt entgegen harrten.

Die Landungen erfolgten gewöhnlich nicht allzu weit von Frankfurt entfernt, so dass Käthchen noch am selben Tag zurückkehren konnte Nach dem Aufstieg am 21. Juli 1907 zum Beispiel erschien sie um 8.15 persönlich wieder im Zoo unter lebhafter Begrüßung durch die Anwesenden, nachdem sie mit dem Ballon im Wald bei Grafenbruch, unweit von Neu-Isenburg niedergegangen war. Am

17.5.1908 landete sie bei Dudenhofen, wo sie bis zu dem nahen Offenbach am Main die Bahn nutzte und von dort eine Kutsche nahm. Unterwegs fuhr der Kutscher in einen Graben. Käthchen stürzte aus dem Wagen und verstauchte sich das Bein.

Als sichere Einkommensquelle galten für Käthe Werbefahrten verschiedener Firmen. Am bekanntesten zeigte sich das *Adlerfahrrad*.

Die Ballonfahrt mit dem Adlerfahrrad

Am 18. Juni 1899 kündigten die Tageszeitungen das Ereignis an. Auf bunten Plakaten präsentierte sich Käthchen mit ihrem Ballon. 1.200 Meter hoch wird sie steigen, bevor sie herniederschwebt. Werbeträger war die *Heinrich Kleyersche Fahrrad- und Nähmaschinenfabrik „Adler"*, deren Name auf dem Fahrrad-Luftballon prangte. In der Fabrik wurde auch die unter dem Ballon befestigte Konstruktion mit Fahrradsattel, Tretlager und Luftschaufeln gefertigt. Käthchen Paulus trat die Pedale, als ob sie mit einem Fahrrad radelte.

Von zwei Uhr nachmittags an strömte das Gas in den Ballon. Gegen sechs Uhr, wenn das Wetter es erlaubte, wollte sie aufsteigen. Der Eintritt in den Zoo war an diesem Tag auch auf 50 Pfennig ermäßigt worden. 20.000 Menschen aus Frankfurt und dem Umland waren dabei, gewiss auch ein achtbares Häuflein aus Zellhausen, dem Geburtsort der wagemutigen Frau. Eine Infanteriekapelle spielte.

Um die Windrichtung zu prüfen, wurde vor dem Aufstieg ein riesiger aufgeblasener Bajazzo hochgelassen. Zur Freude der Zuschauer ließ Käthe Paulus während des Aufstiegs Bilder-Postkarten aufs Publikum niederregnen, um die man sich eifrig rangelte. Der Wind trieb den Ballon Richtung Süden. Vor Neu-Isenburg klinkte die Ballonführerin aus, öffnete den Schirm, und nach etwas Fall, noch einen zweiten Schirm. Sie landete entweder in einem Garten oder verhakte sich im Baum eines Wäldchens – es gibt unterschiedliche Versionen darüber. Jedenfalls kam Käthchen Paulus fröhlich geleitet wieder in Frankfurt an, wo der Jubel nicht enden wollte.

Käthchen Paulus in Homburg

Um die Jahrhundertwende entwickelte sich Homburg zu einem beliebten Kurort, und jedes Jahr kamen mehr Gäste, um die Stadt mit ihren Kuranlagen und Parks zu genießen, vielleicht auch, um einen Blick auf die kaiserliche Familie zu erhaschen, die hier stets ihren Sommer verbrachte. Die Kurverwaltung bemühte sich, die Gäste aufs Beste zu unterhalten, und lud zuweilen auch die sehr berühmte Luftschifferin Käthe Paulus, alias *Miss Polly*, nach Homburg ein.

Postkarte aus dem Stadtarchiv

In Homburg war man sehr bemüht, alle Veranstaltungen groß anzukündigen und Postkarten von den jeweiligen Ereignissen anfertigen zu lassen. Die Stadt bemühte sich auf vielfältige Weise ihren Ruf als interessanter Kurort zu festigen. Neben kulturellen Veranstaltungen konnte Homburg mit sportlichen Angeboten locken, es gab einen Crocketclub, einen Golfclub und natürlich auch einen Tennisclub. Die ausländischen Kurgäste, unter ihnen der *Prinz of Wales,* hatten schon früh die Stadtverwaltung gebeten, im Kurpark einen Tennisplatz anzulegen. Diesem Wunsch kam man gerne nach und so entstand entsprechend des englischen Vorbildes der erste *Lawn-Tennisplatz* in Deutschland. Nach einem glanzvollen Auftakt in den 1880er Jahren entwickelten sich die *Homburger Tenniswettbewerbe* im Laufe der Zeit zu einer europäischen Attraktion. Seit 1898 fanden hier Internationale Meisterschaften statt und gerne gaben die Besucher mit einer entsprechenden Postkarte Familie und Freunden kund, dass man diesem spektakulären Ereignis beigewohnt hatte und vielleicht auch noch Käthchen Paulus in die Höhe schweben sah.

Aufstieg am Schloss

Nicht immer verliefen alle Ballonaufstiege problemlos, was wiederum den Zuschauern ein besonderes Erlebnis bescherte, und sie lasen im Nachhinein mit Vergnügen, was der Taunusbote in der nächsten Ausgabe von dem Geschehen berichtete.

Bericht vom 23. August 1898:

Der Ballonaufstieg des Kapitän Ferrell und der Miss Polly sowie der Absturz der >Letzteren< ging gestern bei der Windstille und dem wolkenlosen Himmel glatt und glücklich vonstatten. Der Ballon stieg kerzengerade zum blauen Himmel und schwebte dann eine ganze Zeit lang über unserer Stadt, so daß Miss Polly bei ihrem Absprung in den Schloßgarten niederging, und zwar wäre dieselbe direkt in den Weiher gefallen, wenn sie nicht mit aller Kraft der steuernden Beine sich nach rechts gestrampelt hätte, so daß sie glücklich auf Land kam, während der Fallschirm im Baum hängen blieb. Genau beobachten konnte man auch den Absprung der kühnen Luftschifferin, welche erst kurze Zeit am Fallschirm hing, ehe dieser vom Kapitän losgelöst wurde, worauf mit dem Sturz in die Tiefe sich auch der Schirm aufspannte. – Der Ballon kam auch nicht weit von Homburg auf den sogenannten Platzenberg links von der Allee zwischen Homburg und Oberstedten glücklich zur Erde nieder. Unter der Hilfe einer Menge von Zuschauern, die ihm von Homburg aus folgte, nachdem Kapitän Ferrell seine erste Landungsabsicht an der Ferdinandsanlage aufgegeben und durch Abwurf von Ballast noch einmal gestiegen und westwärts getrieben war.

Ein Festwochenende in Homburg

Die Einweihung der Straßenbahn

Damit die Gäste des Kurortes bequem alle Örtlichkeiten erreichen konnten, wurde eine Straßenbahn gebaut, die mit einem großen Fest am ersten Wochenende im Juli 1901 eröffnet wurde. Als ein Ballonaufstieg von Fräulein Käthe Paulus im Kurgarten den Tag abschloss, hatten die Homburger das Empfinden, ganz auf der Höhe der Zeit zu sein. Im Taunusboten war später zu lesen:

Eine prekäre Rettung

Nachdem Kätchen Paulus mit ihrem Ballon aufgestiegen und in genügender Höhe war, bereitete Kätchen seinen Absprung vor, den alle Zuschauer im überfüllten Kurgarten und auf den Wiesen bis zum Weiher gespannt erwarteten.

Endlich erfolgte dann unter atemloser Spannung der Absprung der kühnen Frau, und bei dem ruhigen und klaren Wetter fiel diese ziemlich gerade, kam immer tiefer und näher über den Weiher. Zuletzt, in nur noch geringer Höhe über dem Wasser, trieb Kätchen Paulus immer energischer und mit dem rechten Bein seitlich ausholend den Fallschirm nach dem diesseitigen Ufer zu, wo sie an einem am Zufluß des Weihers stehenden Baum mit dem Fallschirm im Geäst an einer Baumgabel unversehrt landete. Es gelang ihr, sich an einem starken Ast anzuklammern. Jedoch schien die wagemutige Dame zum Klettern nicht geeignet, was die zahlreichen Zuschauer einigermaßen belustigte. Da trat kurz entschlossen ein Handwerker, Herr Heinrich Hart, die Kletterpartie auf den Baum an, erreichte die sich energisch sträubende Luftschifferin und lud sie sich kurzentschlossen auf den Rücken. Inzwischen war eine Leiter herangeschafft worden, auf der dann beide unter großer Heiterkeit den Boden erreichten. Man wunderte sich, daß Kätchen Paulus, die den Mut aufbrachte, aus so beträchtlicher Höhe aus dem Ballon zu springen, sich scheute, vom Baum zu klettern.

In Bad Ems

Mit ihrem *Adler-Ballon* machte sich *Miss Polly* auch auf in die Kurstadt Bad Ems an der Lahn. Bad Ems hatte in jenen Tagen vieles mit der Kurstadt Bad Homburg vor der Höhe gemein, und so kamen neben betuchten Bürgern in beiden Städten auch gekrönte Häupter gerne zur Kur. Auch hier bemühte sich die Stadtverwaltung, die Gäste aufs Beste zu unterhalten und dazu gehörte ein Ballonaufstieg von Käthe Paulus.

Der Aufstieg von *Miss Polly* erfolgte am 3. Juli 1904 und in der Lokalzeitung erschien dazu folgender Bericht:

Die Luftschifferin Miss Polly, welche gestern Nachmittag 5 Uhr in Gegenwart einer großen Menschenmenge gegenüber dem Kurgarten mit ihrem Ballon aufstieg, ist nach einviertelstündiger glatter Fahrt auf freiem Felde in nordöstlicher Richtung bei dem Dorfe Stahlhofen glücklich gelandet und gestern abend gegen 10 Uhr per Wagen wieder hier eingetroffen. Die Vorbereitungen zum Füllen des Ballons dauerten von vormittags 11 Uhr bis nachmittags 4 Uhr, der Ballon

*war mit etwa 500 Kubikmetern Gas gefüllt, als er sich kurz vor 5 Uhr
in die Lüfte erhob, Miss Polly saß auf einem Fahrrad, das am Ballon
befestigt war und schwenkte, als der Aufstieg erfolgte, die Radfahrer-
mütze zum Gruße. Der Ballon flog, das Fahrrad in großen Schwin-
gungen hinter sich herziehend, über den Kurberg hinweg und war
sehr schnell den Blicken der Zuschauer entschwunden.*

Im Sommer des nächsten Jahres, am 18. Juni 1905, kam Miss Polly
wiederum nach Bad Ems. Dieses Mal hieß es in der Ankündigung,
es gebe eine Ballonfahrt mit *Miss Polly* auf dem Pferd.

Im Bericht der Emser Zeitung heißt es dazu:
*… gegen 1/25 Uhr klärte es sich einigermaßen auf u. war dann auch
der Kurgarten ziemlich besetzt, desgleichen die Gitterbrücke und
die umliegenden Anlagen. Immer näher kam der große Augenblick.
Starr richteten sich die bewaffneten und unbewaffneten Augen auf
das langsam sich regende Ungeheuer. Punkt 5 Uhr gab Miss Polly
das Kommando und kerzengerade stieg der Ballon in die Höhe, Roß
und Reiter mit sich führend. Einige tausend Augenpaare verfolgten*

die kühne Luftschifferin, immer beängstigender wurden die Köpfe zurückgebogen, bis endlich der Riesenvogel verschwand. Das Roß erweckte nebenbei gesagt verschiedentlich Enttäuschung, man hatte nicht gerade arabisches Vollblut so doch immerhin ein richtiges „Pferdche" erwartet. Na, es wäre damit nicht gutgegangen.-

Der Ballon schlug südöstliche Richtung ein, verschwand direkt hinter dem Konkordiaturm und landete gegen 1/2 6 Uhr in Hof Bubenborn bei Singhofen. Dort wurde Miss Polly von einem ihr begegnenden Automobil aufgenommen und war bereits um 6 Uhr wieder in Ems. Der Ballon traf um 8 Uhr hier ein.

Die Sache mit dem Pferd

So unwahrscheinlich es auch klingt, dass Käthe Paulus mit einem lebendigen Pferd aufsteigen wollte, sie war nicht die Erste mit einer solch außergewöhnlichen Idee. Der französische Luftschiffer Pierre Téstu-Brissy verband Wissenschaft und Schaustellerei und erhob sich schon im Jahre 1798 in der Stadt Meudon, dem Ort der militärischen Luftschifferanstalt südwestlich von Paris, auf dem Rücken eines Pferdes in die Luft. Mensch und Tier überlebten die Versuchsfahrt, obwohl Téstu-Brissy feststellen musste, dass das Pferd schon in verhältnismäßig geringer Höhe aus den Nüstern zu bluten begann.

Seinem kühnen Beispiel folgte 50 Jahre später am 7. Juli 1850 ein Herr Poitevin. Dieser Aeronaut gebrauchte dabei ein Pony namens *Blanche* als Gondel. Das Pferdchen schien im Augenblick der Abschiednahme von der Erde sehr aufgeregt und schlug mit den Hufen auf den Boden, aber kaum war der Ballon in der Luft, verhielt sich das Pony vollkommen ruhig und ließ die Beine wie gelähmt stehen. Bald sah man den Luftschiffer sein Pferd verlassen und

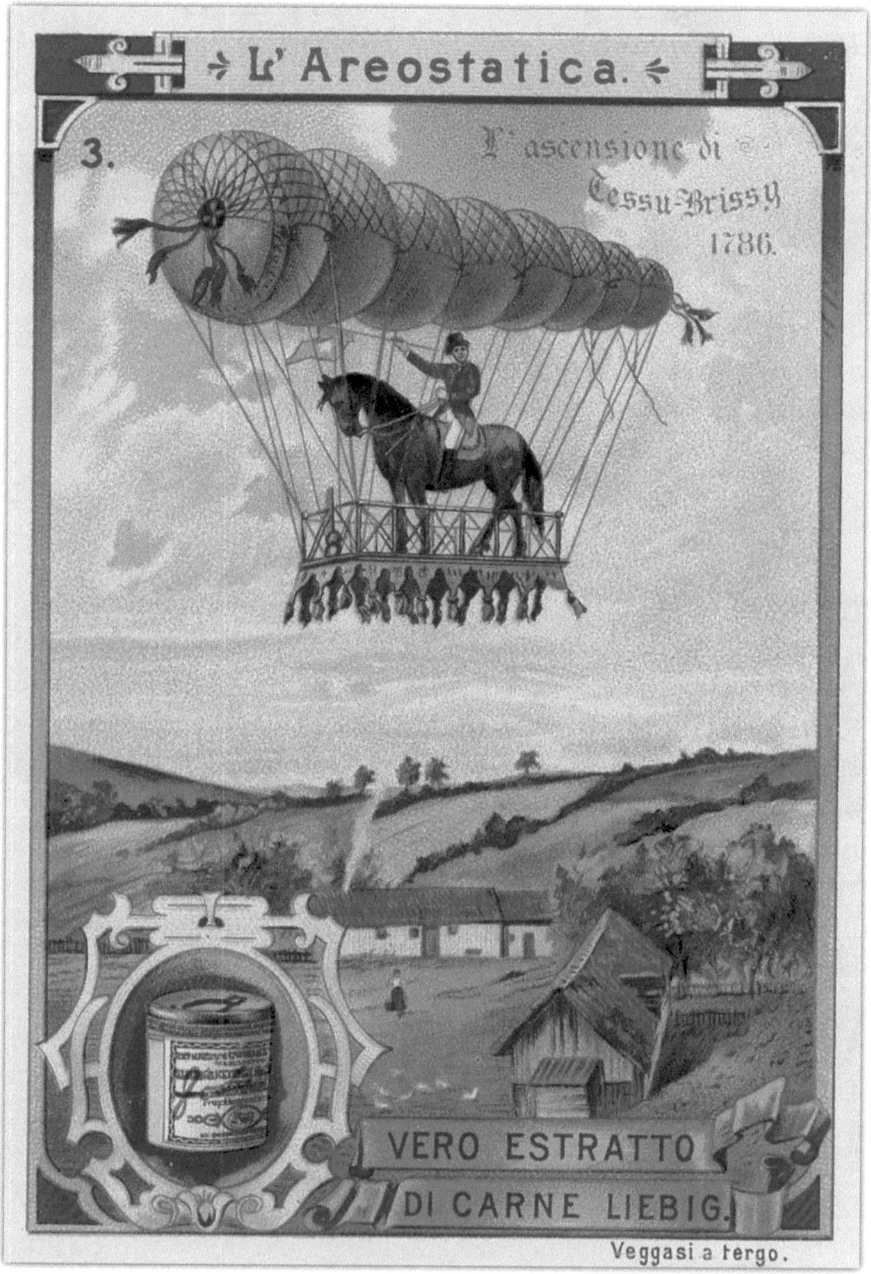
L' Areostatica.
3.
L'ascensione di
Tessu-Brissy
1786.
VERO ESTRATTO
DI CARNE LIEBIG.
Veggasi a tergo.

eine Strickleiter hinaufsteigen, um den überflüssigen Ballast ab-
zuwerfen. Dann stieg er wieder herunter und setzte sich wieder
in den Sattel. Das Wetter war so stürmisch, dass er bald in den
Wolken verschwand. Später erzählte er:
*„In der bedeutenden Höhe, wo ich war, sah ich das ungeheure Pano-
rama von Paris in den verjüngten Verhältnissen eines gewöhnlichen
Planes; mein Pferd selbst schien das Schauspiel, wie die Erde unter
uns entfloh, mit einem gewissen Verstande zu betrachten.“*

Am Abend kam Poitevin bei Grisi zu Boden und ritt auf seinem
Pony wohlbehalten nach Paris zurück.[28]

Die Polizei in Frankfurt verbot Käthe Paulus eine Vorführung mit
einem lebendigen Pferd, und in der Frankfurter *Latern*[29] entdeckten die Leser folgende Karikatur:

Das Ross, auf welchem Miss Polly durch die Luft reiten wollte,
wird, nach dem polizeilichen Verbot, im Scheffelgarten zum Bier-
transport verwendet.

Käthe Paulus in Berlin

Einen spektakulären Aufstieg hatte Käthe Paulus in Berlin im Lunapark[30]. Dreißig Männer waren aufgeboten, die Taue ihres Ballons zu halten. Dann passierte Folgendes:

„Taue loslassen!", rief Käthe den Männern zu, die zu ihr hinaufstarrten. Der Manager der Schau gab ein Zeichen mit einer Trillerpfeife, und schon erhob sich der Ballon in die Luft und Käthe Paulus sah, wie die Menschen unter ihr kleiner und kleiner wurden. Sie hörte, wie ihr Geschrei, das ihr diesmal besonders laut vorkam, langsam verhallte. Doch dann horchte sie auf. Hatte sie ganz in der Nähe Schreie gehört? Schreie dicht unter ihrem Ballon? Unsinn, das konnte doch nicht sein. Das war nichts anderes als eine Sinnestäuschung. Und wenn doch …

„Hilfe, Hilfe, Hilfe!", klang es unter ihr, und nun schwante ihr Unheil. Als sie sich über den Korbrand lehnte, sah sie es: Einige Dutzend Meter unter ihr hing an einem der Haltetaue ein Mann!

Die Aeronautin fluchte wenig damenhaft und machte sich daran, das Tau mit einer Seilwinde, die an Bord war, aufzurollen. Höher und höher kam der Mann und dann krabbelte er, von der Aeronautin unterstützt, über den Korbrand in den Korb, auf dessen Boden er einige Minuten nach Atem ringend liegen blieb. „Was fällt Ihnen ein?", herrschte Käthchen Paulus den jungen Mann an. „Warum haben Sie das Seil nicht losgelassen?" „Ich weiß nicht", stammelte der Bursche. „Ich schaute zu Ihnen herauf und dann hing ich mit einem Mal zehn Meter über dem Boden und konnte nicht mehr loslassen …"

„Sie haben meine Vorstellung geschmissen. Wissen Sie, was Sie das kostet? Ich werde ich an Ihnen schadlos halten. Sie müssen mir alles ersetzen", rief sie wütend. „Ich werde alles bezahlen, bestimmt!", rief der Mann verzweifelt. „Wenn Sie mich nur wieder runterbringen."

Käthe Paulus musste schmunzeln. Wenn sie das später erzählte, würde kein Mensch ihr glauben. Sie brachte den Ballon einige Kilometer außerhalb von Berlin herunter. Doch noch ehe der Korb aufsetzte, sprang der junge Mann mit einer Flanke über den Korbbrand hinweg und rannte, wie vom Teufel verfolgt, einem nahen Wäldchen entgegen.

Die Ballonfahrerin lachte schallend – bis sie bemerkte, dass ihr Ballon, vom Gewicht des jungen Mannes befreit, sich wieder in die Luft erhob und höher und höher stieg. Vergebens versuchte sie, erneut zu landen. Sie musste eine Aufwindströmung erwischt haben und es dauerte vier Stunden, ehe sie es geschafft hatte, den Ballon abermals niederzubringen. Doch da befand sie sich nicht mehr im Großraum Berlin, sondern war von dem steifen Nordwestwind nach – Schlesien getrieben worden. Den *Kerl*, wie sie den Burschen nannte, fand sie nie wieder, aber sie suchte auch nicht nach ihm, sondern schrieb den Verlust als Unkosten ab.

Unvorhergesehenes

Von einer der letzten Fahrten, die im Frankfurter Zoo starteten, berichtet dessen damaliger Direktor Dr. Priemel.

„Als wir längere Zeit unbeweglich bei Rüdesheim über dem Rhein hingen, bekam es Käthchen doch etwas mit der Angst zu tun, zumal es schon anfing zu dunkeln. Endlich gelang es ihr, den Ballon vom Wasser hinweg zu steuern. Nun aber trieben wir über dem Binger Wald, nachdem es inzwischen Nacht geworden war. Da wir doch schließlich auf alle Fälle an eine Landung denken mussten, gingen wir in geringere Tiefe. Zu unserer Freude sahen wir jetzt plötzlich einen Lichtschimmer, der aus einem einzeln stehenden Haus kam. Wir machten Lärm und wurden glücklicherweise von den Bewohnern gehört, die uns dann vom Landungsplatz des Ballons in einem Baumwipfel zur Erde niederhalfen. Entgegen sonstiger Gepflogenheit war

weder eine Rückkehr noch eine Benachrichtigung der Angehörigen von diesem einsamen Gehöft aus in den nächsten Stunden möglich und erst am nächsten Morgen konnten wir die Heimreise antreten. Diese Ballonfahrt muss um 1912 stattgefunden haben, da ich seinerzeit nicht lange vor meiner zweiten Verheiratung stand und meine damalige Braut mir später als meine nunmehrige Frau öfter erzählte, wie sie in jener Nacht um mein Schicksal gebangt habe.“

Käthchen Paulus in Bingen

Bingen, 8. Juli.:
Das gestrige Volks- und Kinderfest des Bundesschießens nahm einen glänzenden Verlauf. Abends erstrahlte die Stadt Bingen in einem prachtvollen Lichtermeer. Ebenso wurde auf dem Festplatze auf dem Rochusberg ein brillantes Feuerwerk abgebrannt und das Niederwalddenkmal mittelst Scheinwerfers des Binger Technikums beleuchtet. Fräulein Käthe Paulus stieg in einem Riesenballon vom Festplatze aus auf. Der Ballon wurde in nordöstlicher Richtung über den Rhein getragen, woselbst Fräulein Paulus auf der hiesigen Bleiche landen wollte. Als sie jedoch der Erde nahe kam, wurde der Ballon wieder nach Süden über das Wasser getrieben und fiel mitten im RHEIN nieder, sodaß Fräulein Paulus in den kühlen Fluten ein unfreiwilliges Bad nehmen musste, Verschiedene Schiffer eilten herbei, nahmen die kühne Aeronautin in einem Nachen auf und brachten sie mit dem noch über Wasser schwebenden Ballon nach Bingen. Heute Nachmittag um 4 Uhr 30 Minuten wird der Großherzog von Hessen das Verbandsschießen besuchen.

Wettfahrt zwischen Luftballons und Autos

*Eine interessante Wettfahrt zwischen Luftballons und Kraftwagen
fand in Aachen vom Burtscheider Kurgarten aus statt. Gegen ½ 6
Uhr erhoben sich 2 Ballons, in der Gondel des einen saß die Luftschifferin Frl. Käthe Paulus aus Frankfurt a. M., in der anderen Luftschiffer Doerr aus Wiesbaden und Kurdirektor Heyl. In demselben
Augenblicke, als die Ballons sich erhoben, nahmen sieben Kraftwagen die Verfolgung auf. Es handelte sich um eine Wettfahrt. Um 6.45
Uhr landete der mit den beiden Herren besetzte Ballon bei Bettweis
(etwa 40 km von Aachen entfernt); zur Stelle war einer der Kraftwagen. Um 7 Uhr landete der Ballon des Frl. Paulus bei Euskirchen
(etwa 60 Kilometer von Aachen) auch hier war ein Kraftwagen zur
Stelle. Von den Luftfahrern siegte also Frl. Paulus und die beiden
Kraftfahrer erhielten Ehrenpreise. (Zeitungsausschnitt)*

Ein Faschingsulk aus Oberhessen

*A*us Stockheim, eine Station auf der Strecke Gießen-Geln-
hausen, wird dem *Gießener Anzeiger* folgender Faschingsscherz
gemeldet:
*Nachdem am Freitag hier und in den umliegenden Dörfern von
Unbekannten Plakate angeschlagen worden waren, nach denen die
Luftschifferin Käthe Paulus aus Frankfurt in der Nähe unseres Ortes
einen Aufstieg unternehmen wollte, pilgerte am Samstag den ganzen
Vormittag die Bevölkerung aus mehreren Stunden Entfernung der
Aufstiegstelle zu. An die 30 Wagen und Chaisen waren angefahren.
Bei Gastwirt Walther war ein geheiztes Zimmer auf Bestellung der
Luftschifferin in Bereitschaft, zwei Kisten mit den Apparaten waren
zur Stelle gebracht – alles harrte der kommenden Dinge – aber kein
Personal, keine Luftschifferin zeigte sich. Auf den umliegenden Hö-
hen wimmelte es von Menschen, die ohne Eintrittsgeld den Aufstieg*

von ferne sehen wollten. Selbst die Gewerbeschule von Büdingen nebst Lehrer hatte sich verlocken lassen. Die Ungeduldigsten auf dem Aufstiegsplatz öffneten endlich die Kisten – da kam es endlich an den Tag, daß die ganze Aufstiegsgeschichte ein Ulk war. Die Kiste war gefüllt mit Papierschnitzeln, die bald in alle Winde flogen, die Jugend zerhieb die Kisten und warf sie in die Nidder. Die Menge zerstreute sich, die Köpfe zerbrechend, wer wohl der Witzbold sein möchte.

Unterwegs in Europa

Nach unzähligen Aufstiegen in Deutschland hatte Käthchen Paulus begonnen, sich auch um Möglichkeiten im Ausland zu bemühen. Da nichts über ihre Fremdsprachenkenntnisse bekannt ist, kann angenommen werden, dass sie deshalb das deutschsprachige Wien als erstes Ziel im Ausland wählte. Eine kluge Wahl, wie sich auf Grund der Ereignisse bald herausstellen sollte.

Aufregung in Wien

Folgendes wurde in den Gazetten berichtet:
Die Aeronautin war über einem Festplatz abgesprungen. Während der Schirm nun langsam niederging, erhob sich ein Sturm und trieb Käthchen auf die Stadt zu. Sie segelte über die Dächer von Wien und wäre um ein Haar am Stephansdom hängengeblieben. Die Wiener verfolgten aufgeregt ihre luftige Reise und schlossen Wetten ab, wo

Käthchen nun landen würde. Es geschah ausgerechnet in der Kärntner Straße. Das gab einen Menschenauflauf, Droschken stauten sich, die Kutscher fluchten. Schließlich kämpfte sich ein Schutzmann zu Käthchen durch und verhaftete sie. Einmal um sie vor den begeisterten Wienern zu schützen, die schon dabei waren, Käthchens Fallschirm zu Andenkenläppchen zu zerreißen, dann aber auch, weil Käthchen sich strafbar gemacht hatte, denn es war verboten, mit Fallschirmen in Hauptverkehrsstraßen zu landen.

Die Wiener hatten ihren Spaß und als sie das hübsche Foto der Aeronautin in der Zeitung sahen und von einer neuen Auffahrt hörten, waren erst recht alle begeistert.

Dieses Mal hatte sich die Ballonfahrerin als Startpunkt den Vergnügungspark *Venedig* ausgesucht. Dieser war zu diesem Zeitpunkt einer der ersten dauerhaften modernen Themenparks der Welt. Er war erst am 18. Mai 1895 im *Wiener Prater* eröffnet worden. Über drei Inseln mit zentralen Plätzen, eingefasst durch im venezianischen Stil gestaltete Kanäle und Gebäudeensembles, befand sich die geschlossene Anlage vor dem heutigen Riesenrad auf dem Gelände der Kaiserwiese. In der Zeitung konnte man lesen:

Käthchen Paulus im „Venedig"

Trotz des starken Südwindes stieg die kühne deutsche Luftschifferin auch Donnerstag, den 4. Juni vom Platze vor dem Römersaale auf. Der Ballon flog über Mazleinsdorf nach Laxenburg, wo er sich so weit senkte, daß er die Bäume streifte und Käthchen Paulus mit ihrem Luftballon ohne Gondel in Gefahr brachte. Die Landung erfolgte nächst dem Rennplatze in Kottingbrunn unter schwierigen Verhältnissen, da der Ballon von dem Winde über die Äcker gestreift und sprungweise fortgetrieben wurde. Mit Hilfe von fünf Leuten konnte der Ballon endlich festgehalten werden. Das Automobil, welches von „Venedig" aus die Verfolgung aufgenommen hatte, kam 10 Minuten

nach der Landung zur Stelle. Heute Samstag wird Käthchen Paulus
wieder zwischen 6 und 7 Uhr Abends einen Aufstieg mit ihrem Bal-
lon unternehmen. Wegen des „Firmtages" wird „Venedig" schon um
2 Uhr Nachmittags eröffnet. Um 5 Uhr Nachmittags findet eine Fa-
milien Varietevorstellung bei kleinen Preisen statt. Morgen, Sonntag,
findet der letzte Sonntagaufstieg statt.

Eine Wasserlandung in der Nordsee

Bei einer anderen Gelegenheit landete die Luftfahrerin vor der
niederländischen Küste beim Ort Scheveningen in der Nordsee.
Doch es gab keinen Grund zur Beunruhigung, denn die erfahrene
Aeronautin hatte, als ihr Ballon vom Wind auf das Meer zugetrie-
ben wurde, rasches Sinken eingeleitet und so ging ihr das Was-
ser dort, wo sie herunterkam, nicht einmal bis zum Halse. Eher
erregte es Heiterkeit, weil eine Zeitung diese Wasserlandung als
Käthchens „Niederkunft" bezeichnete.
Käthe Paulus erinnerte sich an ihre feuchte Landung:
„Wie der Ballon sechshundert Meter hoch war, da schwenkt er ab
und geht auf die See 'naus. Da hab' ich's Ventil geöffnet und bin aufs
Wasser gange. Ein Dampfer hat mich dann geholt."

Schadensfälle
(zumeist glücklich endend)

Käthchen Paulus gelangen ihre gefährlichen Fahrten und Landungen stets ohne erhebliche körperliche Verletzungen, aber man hörte zuweilen von einigen Sachbeschädigungen und den daraus folgenden Auseinandersetzungen mit den Geschädigten und Behörden.

Einmal forderte ein Frankfurter Grundbesitzer von der Ballonfahrerin die immerhin nicht unerhebliche Summe von 350 Mark als Schadenersatz für den vernichteten Ertrag eines Weizenfeldes. Zahlreiche Zuschauer, die helfend herbeigeeilt waren, um die Haltetaue zu fassen und den Anker zu befestigen, hatten das Feld zertrampelt.

Nach einem Niedergang auf einem Acker bei Wöllstein in Hessen erhielt Käthe Paulus ein Strafmandat wegen Feldfrevels. Ein andermal verlangte das *Großherzogliche Feldgericht* fünfzehn Mark für Flurschaden und drei Mark Geldstrafe. Da schrieb der *Deutsche Luftfahrerverband* einen geharnischten Brief an die so wenig sportfreundliche Behörde, worauf der hessische Justizminister höchstpersönlich das Strafmandat aufhob.

Käthe Paulus will fliegen

Käthchen Paulus im Gestell eines Flugzeugs

Zu Beginn des 20. Jahrhunderts setzten in den USA fliegende Männer und auch Frauen die Welt in Erstaunen. Das imponierte der abenteuerlustigen Käthe und sie überlegte, dass sie selbst vielleicht eines Tages weiter und höher fliegen könnte, als ihr Ballon sie führte und sie so die Welt erkunden könnte. In *Croix d'Hins* (Frankreich, Département Gironde) erwarb sie deshalb eine *Blériot-Maschine* und begann, Unterricht zu nehmen.

Zu dieser Zeit war es für eine Frau äußerst schwierig überhaupt einen Fluglehrer zu finden. Schließlich gelang es Käthe Paulus, den widerstrebenden Chefpiloten der Firma Wright GmbH, Herrn Paul Engelhard, zu überreden, sie als Schülerin anzunehmen. Diese Lehrzeit dauerte nicht lange. Als Begründung berichtete man, die Ballonfliegerin habe für diese Betätigung so wenig Geschick gezeigt, dass ihr Lehrmeister den Unterricht „verzweifelt" aufgegeben und den Ausspruch getan habe: „Den Weg zum Himmel, der ihr abwärts so oft geglückt war, hat sie zwar vielmals im Ballon, doch niemals im Flugzeug gefunden."

Es ist anzunehmen, dass nicht nur mangelndes Geschick für das Abbrechen des Unterrichts verantwortlich war. Käthe Paulus fühlte sich im Flugzeug nicht wohl, es störte sie das Motorengeräusch und außerdem fehlte ihr das lautlose freie Schweben gen Himmel, während sie dabei mit Muße die Erde entschwinden sehen konnte. Käthe Paulus musste außerdem auch Finanzielles bedenken, denn mit der Fliegerei würde sie den Lebensunterhalt für sich selbst und ihre Mutter nicht verdienen können. Als letztendlich ihr Fluglehrer 1911 tödlich verunglückte, wusste die Aeronautin, dass nur Ballonfahren ihre Bestimmung war.

Wieder ganz mit dem Ballonfahren beschäftigt, konzentrierte sich Käthe Paulus nun auf ihre Vortragsreihe, die ihr im Winter, wenn keine Ballonfahrten möglich waren, ein sicheres Einkommen brachten. Sorgfältig gestaltete sie das Programm* >>

... und verabschiedete ihre Zuschauer stets mit diesem Dia.

PROGRAMM

>‹‹

ERSTE ABTEILUNG:

KURZE GESCHICHTE DER ENT-
WICKLUNG DER LUFTSCHIFFAHRT

ANSCHLIESSEND 30 LICHTBILDER

———

ZWEITE ABTEILUNG:

AUS MEINER ZWÖLFJÄHRIGEN
TÄTIGKEIT ALS LUFTSCHIFFERIN
VORFÜHRUNG UND ERKLÄRUNG
DES FALLSCHIRMS

———

DRITTE ABTEILUNG:

40 STÄDTE-, LANDSCHAFTS-
UND WOLKENBILDER
VOM BALLON AUS AUFGENOMMEN

*beispielhaft

Im Alter

Nach dem Ende ihrer Ballonfahrten beschäftigte sich Käthe Paulus intensiv mit der Verbesserung der herkömmlichen Fallschirme, denn seit dem Tod ihres Lebensgefährten Hermann Lattemann hatte sie das Gefühl, dass sein Tod mit einem besseren Fallschirm hätte verhindert werden können. Das Problem bei den herkömmlichen Fallschirmen war, dass deren Leinen oft gefährlich vom Wind verzwirbelt wurden und sie sehr viel Platz benötigten. Käthe Paulus kam auf die Idee, den Fallschirm kunstvoll zusammenzufalten und in eine Hülle zu stecken, die durch einen Spezialmechanismus zu öffnen war. Der *Paketfallschirm* war geboren.

Die Erfindung zeichnete sich dadurch aus, dass ein Verwickeln der Tragleinen beim Öffnungsvorgang des Fallschirms vermieden werden konnte. Fallschirmtuch und Tragleinen wurden nach einem ausgetüftelten System zusammengelegt, verpackt und befestigt, so dass sich der Fallschirm zuverlässig voll entfalten konnte. Dieses Modell war absolut sicher, denn schließlich hatte Käthe Paulus circa 150 Absprünge hinter sich, hatte jeden Fallschirm selbst angefertigt und wusste genau, worauf es ankam.

Käthe Paulus meldete ihre Erfindung als *Einrichtung zum Anbringen von Fallschirmen an Luftfahrtfahrzeugen* 1915 beim Kaiserlichen Patentamt an.

Sie erinnert sich:
Einundzwanzig Jahre lang blieb ich Luftschifferin. Ich machte in der Zeit 516 Ballonfahrten und 147 Absprünge. Die letzte Fahrt erfolgte am 26. Juli 1914. Wenige Tage später brach der Krieg aus. Ich gab meine drei Ballone und Fallschirme der Heeresverwaltung ab und schlug ihr die Einführung meiner Fallschirme in der Luftschiffertruppe vor. Schon zweimal hatte ich das getan. Jedesmal ohne Erfolg. Die maßgebenden deutschen Stellen waren offenbar der Ansicht, daß

Fallschirme keinen militärischen Wert haben würden, im Gegensatz zu denen im Ausland.

So kam es, daß in den ersten Kriegsjahren zahlreiche Fesselballon-beobachter das Leben verloren, weil sie sich aus ihrem Ballon nicht retten konnten.

Die unermüdliche Ballonproduzentin

Als sich an der Front der Mangel an Ballons und Fallschirmen bemerkbar machte, erinnerte man sich im Kriegsministerium wieder an Käthe Paulus und beauftragte sie mit der Herstellung von Fallschirmen und Ballonhüllen.

Käthe Paulus mit am Boden liegender Ballonhülle

Im Sommer 1915 begann Käthe Paulus mit der Fertigung in ihrer Reinickendorfer Wohnung. Doch bald entstanden Schwierigkeiten wegen des großen Umfanges der zu verarbeitenden Stoffe, daher wurde der Betrieb nunmehr so angelegt, dass Käthe diese zwar zuschnitt, sie dann jedoch mit entsprechenden Anweisungen an Näherinnen in deren Wohnungen weitergab. Natürlich musste sie als Meisterin die Arbeiten ständig und aufs sorgfältigste überwachen; musste jede Naht und Öse überprüfen, da sie allein die volle Verantwortung trug. Käthe war sich immer bewusst, dass das kleinste Versehen ein Versagen beim Einsatz bewirken konnte und so ein Menschenleben kosten würde.

Im Laufe von vier Kriegsjahren sollen etwa 7.000 Fallschirme und rund 1.000 Ballonhüllen die Werkstatt von Käthe Paulus verlassen haben, wofür jede Woche 20.000 Meter Seide zu zerschneiden waren. Als dann keine Seide mehr aufzutreiben war, galt es obendrein auch noch, sich mit Ersatzstoffen, bis zum bedruckten Kattun, zu behelfen. Käthe Paulus war glücklich, eine sinnvolle Aufgabe zu haben. Sie erzählte:

„Meine Fallschirme sind in unzähligen Fällen während des Krieges zum Retter deutscher Ballonbeobachter geworden, wie zahlreiche Dankesschreibungen und Kriegsauszeichnungen mir zeigten. Das war für mich die schönste Anerkennung für meine fast 25 Jahre dauernde Tätigkeit als Freiballonführerin und Fallschirmpilotin."

Da den Ballons und dem Rettungsfallschirm der **Marke M.P.** viele Soldaten bald ihr Leben verdankten, darunter auch 20 Ballonaufklärer während der Schlacht bei Verdun, wurde Käthe Paulus mit hohen Kriegsorden ausgezeichnet.

Ehrenzeichen für Kriegsfürsorge
Darmstadt 31.10. 1916
Unterzeichnet von Ernst Ludwig, Großherzog v. Hessen u. bei Rhein

Verdienstkreuz für Kriegshilfe
Berlin 13. 4. 1917
Königlich Preußischer Orden

König Ludwig-Kreuz für Heimatverdienste
München 27. 6. 1917
Königlich Bayrisches Kriegsministerium

1920 Verleihung eines Patents
für den Fallschirm in Österreich

1921 **Verleihung eines Patents**
für den Fallschirm in der Schweiz

Die Berliner Luftfahrtsammlung

Zehn Jahre nach Kriegsende gründete Georg Krupp, der langjährige Leiter der *WGL* (Wissenschaftliche Gesellschaft für Luftfahrt), mit winzigen Geldmitteln die *Berliner Luftfahrtsammlung,* die in einem Gebäude des Flugplatzes Johannisthal eingerichtet wurde. Käthe Paulus half ihm beim Aufbau der Sammlung. Da sie keine Nachkommen hatte, stiftete sie selbst fast alles, ihre Mütze, ihr Sprungkostüm und anderes mehr.

Käthe Paulus war auch dabei, als 1932 diese Luftfahrtsammlung unter Anwesenheit der Behörden eingeweiht wurde. Mit besonderer Freude erfüllte es sie, dass Georg Krupp eine lebensgroße Puppe herstellen ließ, die Käthchen als junge Fallschirmspringerin auf dem Korbrand sitzend zeigte, so wie sie dereinst im Münchener *Deutschen Museum* zu sehen war und wie sich ihr Bild durch Hunderttausende von Ansichtskarten am tiefsten der Mit- und Nachwelt eingeprägt hat.

Es ist möglich, dass man in Frankfurt, Käthes Heimatstadt, von diesem Ereignis erfuhr, denn kurze Zeit danach besuchte ein Mitarbeiter des lokalen Generalanzeigers die ehemalige „Primadonna der Luft" in ihrer Wohnung in Berlin für ein Interview. Käthe Paulus zeigte ihm all die seit jenem Jubiläumstag bei ihr eingegangenen Briefe, Karten und Telegramme; dabei bemerkte sie etwas wehmütig: „Sehen Sie, so ganz bin ich doch noch nicht vergessen!"

Das Ende
einer bemerkenswerten Frau

Im Jahre 1935 trafen sich die Vorkriegsflieger, die sogenannten *Alten Adler*, in Berlin und dabei gedachten sie auch rühmend Käthe Paulus als der ersten deutschen Fallschirmpilotin. Doch die schon vom Tode gezeichnete Frau wird diese letzte Ehrung wohl nicht mehr mitbekommen haben.

Am 26. Juli 1935 starb Käthe Paulus nach längerer Krankheit in ihrer Wohnung in Reinickendorf. Pfarrer Hans Dorow von der evangelischen Segenskirchengemeinde, der sie während ihrer Krankheit besuchte, erinnerte sich später:

„Ich habe mehrmals an ihrem Krankenlager geweilt, sie war aber so elend und so schwach, dass ich immer nur ganz kurze Zeit bei ihr sein und dass es dadurch zu einer Unterhaltung gar nicht kommen konnte. Nur als ich ihr einmal sagte, dass ich selber im ersten Weltkrieg bei der Feldluftschifferei war und mir bei einem feindlichen Angriff auf den Fesselballon das Leben gerettet worden ist, sah ich es ihrem Gesicht an, wie tief sie diese Mitteilung bewegte. Ich habe dann hier für Käthchen Paulus die Trauerfeier gehalten ...“

Bestattet wurde Käthe Paulus auf dem Reinickendorfer Dankesfriedhof am 31.7.1935 neben ihrer Mutter, und wie die beiden Frauen ihr Leben lang zusammen wohnten, so ruhen sie auch nun zusammen in einem Doppelgrab.

Nur wenige Menschen nahmen an der Beisetzung teil. Die Stadt Frankfurt schickte als Vertreter den Finanzrat Georg Schäfer, der einen Kranz niederlegte, die Schleife hatte die Farben rotweiß. Auf einem himmelblauen Ordenskissen trug ein Kind die Kriegsauszeichnungen der Verstorbenen.

Zwei berühmte deutsche Fliegerinnen, Elly Beinhorn und Hanna Reitsch, nahmen an der Beerdigung teil. Hanna Reitsch schreibt erinnernd:

Ich kannte Käthchen Paulus nicht persönlich, bin aber damals, als ich von ihrem Tode hörte, zur Beerdigung auf den Friedhof gegangen aus dem Gefühl heraus, dass Käthe doch in der Entwicklung der Fliegerei eine irgendwie bedeutende Rolle gespielt hat. Bei dieser Beerdigung waren nur ganz wenige Menschen anwesend, und ich habe zusammen mit einer Fliegerkameradin einen Kranz niedergelegt.[31]

Im Jahre 1968 drohte, nach der Entfernung und Zerstörung des Grabsteines, nun die Einebnung des Grabes von Käthe Paulus. Da war es der alte Fallschirmpionier Richard Kohnke, der durch eine sofortige Spende die Liegezeit vorerst verlängern lassen konnte. Er rief das *Hilfswerk Käthe Paulus* ins Leben. Präsident dieses Hilfswerks wurde der Fallschirmjäger und General der Bundeswehr a. D. Walter Gericke, einer der Fallschirmpioniere und Förderer des deutschen Fallschirmsports von der „Stunde Null" an. Den unermüdlichen Bemühungen dieses Hilfswerks ist es zu danken, dass der Senat der Stadt Berlin ab 1. Januar 1971 die Ruhestätte von Käthe Paulus als Ehrengrab anerkannte und für die Dauer von 25 Jahren in seine Obhut nahm. (Grablage: D-2-32) Die Widmung wurde zuletzt im Jahr 2021 um die übliche Frist von zwanzig Jahren verlängert. Das Hilfswerk Käthe Paulus aber hat mit der Spende vieler Fallschirmspringer einen würdigen Grabstein errichten lassen. Es ist ein Findling.

Gedenkplakette in der Gotthardstraße in Reinickendorf
am Wohnhaus von Käthe Paulus.

Den Vögeln gleich

Der Schneider von Ulm[32]
Albrecht Ludwig Berblinger
1770-1829

Wer nicht vom Fliegen träumt,
dem wachsen keine Flügel!

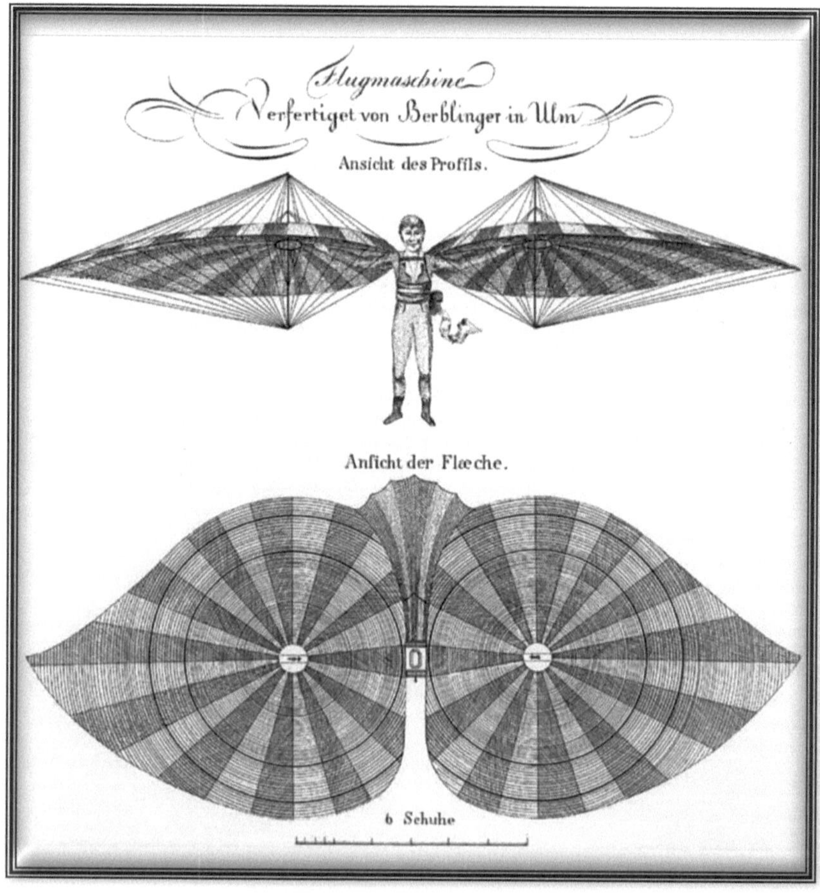

Berblingers eigenhändige Konstruktionsskizze

Albrecht Ludwig Berblinger wurde als siebtes Kind des Amtsknechts Albrecht Ludwig Berblinger d. Ä. und seiner Ehefrau Anna Dorothea geborene Fink im Jahre 1770 in Ulm geboren. Die Familie lebte in ärmlichen Verhältnissen. Als der Junge gerade 13 Jahre alt war, starb sein Vater und er kam ins Waisenhaus. Hier zwang man ihn eine Schneiderlehre zu machen, obwohl er, technisch begabt, viel lieber Uhrmacher geworden wäre.

Mit 21 Jahren war Berblinger Schneidermeister, aber sein eigentliches Interesse galt immer noch der Mechanik. Neben einigen Erfindungen beschäftigte er sich mit dem Bau eines Hängegleiters, der ihm einen Gleitflug ermöglichen sollte. Jahrelang baute und verbesserte Berblinger seinen Flugapparat und studierte dabei den Flug von Eulen, denn er wollte selbst fliegen wie ein Vogel. In den Weinbergen am Michelsberg von Ulm führte er heimlich seine Flugversuche aus. Hier bot die Südlage des Hanges günstige Voraussetzungen für thermische Aufwinde und die Weinbergsmauern dienten als ideale Startrampen.

König Friedrich I. von Württemberg hörte von den Unternehmungen des Ulmers und spendete zwanzig Louis d'Or für die Fertigstellung eines Fluggerätes. Für den Mai 1811 kündigte er seinem Besuch in Ulm an, dann sollte Berblinger die Flugtauglichkeit seines Gerätes beweisen; mit dem König würden auch seine Söhne und der bayrische Kronprinz anreisen.

Ursprünglich wollte Berblinger seine Flugkünste erst am 4. Juni vorführen und schlug dazu einen Start vom Hauptturm des Ulmer Münsters vor, dessen Höhe zu diesem Zeitpunkt noch bei 100 Metern lag. Die Ulmer Ratsherren lehnten diesen Vorschlag ab, denn sie trauten Berblingers Flugkünsten nicht und verlangten deshalb den Start von der 13 Meter hohen Mauer der *Adlerbastei* an der Donau. Ein sieben Meter hohes Gerüst erhöhte den Sprungplatz, von dem aus der flugbegeisterte Berblinger die 40 Meter breite Donau überqueren wollte.

Unter ungünstigen thermischen Verhältnissen, an einem Ort, der ihm nicht genehm war, nach langem Zögern und dem Verschieben um einen Tag – weswegen der zunächst anwesende König schon abgereist war – sprang Berblinger schließlich unter dem Gejohle der drängenden Zuschauermenge ab. Er konnte die erforderliche Anfangsgeschwindigkeit für den Gleitflug nicht erreichen und die Tragflächen seines Fluggerätes nicht in einem günstigen Anstellwinkel ausrichten. Die Fallwinde und der Start mit Rückenwind bescherten dem Traum vom Fliegen ein jähes Ende. Der Schneider von Ulm stürzte direkt in die Donau. Bereitstehende Fischer retteten ihn unter dem Gejohle der Zuschauer aus den Fluten. Das Publikum war und blieb gnadenlos. Aus dem erwarteten Helden wurde der Inbegriff eines Versagers. Man beschimpfte ihn als Lügner und Betrüger, und er musste seinen Betrieb aufgeben. Im Alter von 58 Jahren starb Albrecht Ludwig Berblinger völlig verarmt in einem Hospital. Sein Flugapparat, vermutlich aus Bambus, fiel unter die „Kontinentalsperre" und wurde zusammen mit anderen englischen Waren wenig später unter amtlicher Aufsicht auf einem großen Scheiterhaufen verbrannt.

1. Berblinger's unglückliches Unternehmen als Luftfliger in seiner Positur. 2. das Ufer der Donau, mit Zuschauer. 3. die glückliche Rettung des Luftfliger's, von den Fischern. 4. Ulm.

Die Geschichte vom Schneider von Ulm gehört als landestypische Erzählung zum Kulturgut und wird in bayrischen Schulen erzählt. Auch Berthold Brecht hat Albrecht Berblinger mit einem Gedicht gehuldigt.

Der Schneider von Ulm[33]

Bischof, ich kann fliegen
Sagte der Schneider zum Bischof.
Paß auf, wie ich's mach!
Und er stieg mit so 'nen Dingen
Die aussahn wie Schwingen
Auf das große große Kirchendach.

Der Bischof ging weiter.
Das sind lauter so Lügen
Der Mensch ist kein Vogel
Es wird nie ein Mensch fliegen
Sagte der Bischof zum Schneider.

Der Schneider ist verschieden
Sagten die Leute dem Bischof.
Es war eine Hatz.
Seine Flügel sind zerspellet
Und er liegt zerschellet
Auf dem harten, harten Kirchenplatz.

Die Glocken sollen läuten,
Es waren nichts als Lügen
Der Mensch ist kein Vogel
Es wird nie ein Mensch fliegen
Sagte der Bischof den Leuten.

Berthold Brecht (1898-1956)

Karl Wilhelm Otto Lilienthal

1848-1896

Ein Gleiter

Otto Lilienthal war im Jahre 1891 der erste Mensch, der sich erfolgreich mit Flügeln in die Lüfte erhob. Der gelernte Ingenieur hatte die Grundlagen der Aerodynamik entschlüsselt und immer raffiniertere Apparate gebaut, die ihn schließlich mehrere hundert Meter weit trugen. Wie war es dazu gekommen?

Schon als Kind beobachtete der Junge in seiner Heimatstadt Anklam Schwäne und Störche, auch fing er Schmetterlinge und studierte deren Flugbewegungen. Auch sein Traum war es, wie ein Vogel zu fliegen. Mit seinem jüngeren Bruder Gustav unternahm er erste Flugversuche mit Flügeln aus Brettern und Federn, Ikarus gleich – sie blieben erfolglos. Dennoch gab Otto seine Bemühungen nicht auf, beobachtete über mehrere Jahre den Vogelflug und machte sich Notizen.

Die Brüder Gustav und Otto Lilienthal arbeiteten zusammen, machten zahlreiche Erfindungen und erhielten Patente. Mit dem geschäftlichen Erfolg gelang es ihnen im Jahre 1883, eine eigene Maschinenbaufabrik in Berlin zu gründen. In dieser Fabrik beschäftigte Otto Lilienthal einen Arbeiter, der nur für die Herstellung von Flugapparaten zuständig war. Ab 1891 ließ der Erfinder seine Flugversuche, die er von einem eigens in Lichterfelde aufgeschütteten „Flugberg" aus machte, von dem bekannten Fotografen Ottomar Anschütz (1846-1907) fotografieren.

Diese ersten Fotos eines fliegenden Mannes erschienen nicht nur in Fachjournalen, sondern auch in Tageszeitungen. Außerdem hielt der unermüdliche Pilot Vorträge und veröffentlichte die Ergebnisse seiner Flugversuche in einem weltweit anerkannten Buch *Der Vogelflug als Grundlage der Fliegerkunst.* Als Otto Lilienthal dann bis zu 250 Meter mit einem seiner Flugapparate in der Luft zurücklegte, war er überall bekannt und galt in Fachkreisen als anerkannte Koryphäe.

Doch dann stürzte Otto Lilienthal am 9. August 1896 in den Rhinower Bergen ab. Eine plötzlich auftretende Sonnenböe verhinderte den Auftrieb seines Flugapparates. Vergebens streckte der Pilot Oberkörper und Beine ruckartig nach vorn, um wieder schneller zu werden, doch steil raste er auf Gras und Sand zu. Schließlich prallte er auf, ein Flügel seines Seglers brach. Schwer verletzt wurde Lilienthal nach Berlin gebracht, wo er am 10. August in der Klinik seinen Verletzungen erlag.

Otto Lilienthal hatte in mehr als 2.000 Flügen einen erfolgversprechenden Weg zur Lösung des Flugproblems gezeigt. Berichte über den Tod des berühmten Deutschen erreichten auch zwei fluginteressierte Fahrradhersteller aus Ohio/USA Wilbur und Orville Wright. Sie nahmen die Erkenntnisse Lilienthals als Grundlage für ihre eigenen Forschungen und wurden zu erfolgreichen Flugzeugbauern.

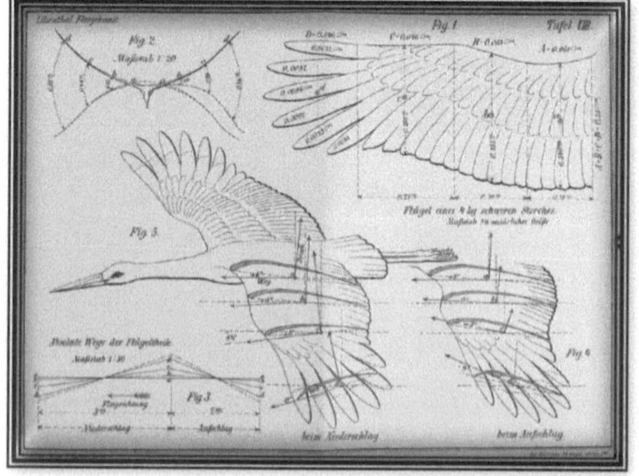

Wilbur und Orville Wright

1867-1912 und 1871-1948

Wilbur und Orville waren die Söhne eines Bischofs in Dayton (Ohio) USA. Sie betrieben nach ihrer Ausbildung gemeinsam eine Fahrradreparaturwerkstadt, waren aber hobbymäßig seit frühester Jugend an den Möglichkeiten eines mechanischen Flugapparates interessiert. Begierig lasen sie alles, was an entsprechender Literatur erhältlich war, und so entdeckten sie auch die Aufzeichnungen von Lilienthal. Daraufhin begannen sie selbst Gleitflugzeuge zu entwickeln und testeten diese unter strengster Geheimhaltung in den Sanddünen auf den *Kill Devil Hills* sechs Kilometer südlich von *Kitty Hawk* in *North Carolina,* einem Ort an der Atlantikküste, der sich wegen starker und konstanter Winde besonders eignete. Sie unternahmen zahlreiche Gleitflüge, darunter mit ihrem *Glider 2* im Jahre 1902 über 1.000 Flüge, der längste über 189,7 m. Nach diesen Erfolgen beantragten die Wrights am 23. März 1903 ein Patent ihres Flugzeugentwurfs und entschlossen sich, den Apparat mit einem Flugmotor auszurüsten, den sie selbst zusammenbauten.

Am 17. Dezember 1903 verwirklichte sich der Traum der Brüder Wright vom Fliegen. Orville machte den ersten zwölf Sekunden dauernden Propellerflug der Geschichte, dann übernahm Wilbur, denn sie wechselten sich ab. Sie machten insgesamt vier Flüge an diesem historischen Tag. Abends schickten sie ein Telegramm an ihren Vater:

Erfolg vier Flüge – Donnerstagmorgen – alle gegen 21 Meilen Wind – Start von ebener Erde nur mit Motorkraft – Durchschnittsgeschwindigkeit in der Luft 13 Meilen – … Die zurückgelegte Strecke betrug 259,7 Meter.

Die Brüder Wright arbeiteten unermüdlich weiter an ihren Fluggeräten und eroberten schließlich mit verbesserten Modellen Europa. Wilbur zeigte den stolzen Franzosen, was Fliegen ist. Im Jahr 1908 war er in Frankreich über hundertmal gestartet und war dabei über 26 Stunden in der Luft geblieben, auch hatte er etwa 60 Passagieren ein erstes Flugerlebnis geboten.

Auch in Deutschland machte man sich das Wissen der Brüder Wright zu Nutze. Im Frühjahr 1909 wurde die *Flugmaschine Wright GmbH* als Tochter der *Motorluftschiff-Studiengesellschaft* gegründet. Orville Wright führt vom 4. bis zum 20. September auf dem Tempelhofer Feld in Berlin Demonstrationsflüge durch, bei denen er unter anderem mit 175 Metern einen Höhenweltrekord erreichte und erstmals einen Passagierflug von 1 Stunde 35 Minuten Dauer absolvierte. Die fast täglichen Flüge fanden insgesamt 350.000 Zuschauer. Wenige Tage später erreichte Orville bei einem Flug auf dem Bornstedter Feld bei Potsdam eine Höhe von 275 m, Kronprinz Wilhelm war als Passagier mit dabei. Der Amerikaner bildete außerdem Paul Engelhard als ersten Piloten für die *Flugmaschine Wright GmbH* aus. Engelhard wurde später einer der einflussreichsten Fluglehrer auf dem Flugplatz *Johannisthal* bei Berlin.

Anfang Mai 1912 erkrankte Wilbur an Typhus und starb kurz darauf im Alter von nur 45 Jahren, sein Bruder Orville lebte bis 1948.

Amerika gedenkt der Gebrüder Wright, die den ersten kontrolliert gesteuerten Motorflug der Welt nach dem Prinzip „Schwerer als Luft" an dieser Stelle durchführten, mit dem *Wright Brothers National Memorial* in Kill Devil Hills in North Carolina.
(Und selbst die Touristen aus Deutschland werden spätestens im Restaurant des Flughafens in Charlotte, North Carolina, an die Pioniere der Luftfahrt erinnert, wenn sie unter einem von der Decke hängendem Flugmodel ihren ersten Burger genießen.)

Ferdinand Graf von Zeppelin

1838-1917

Ferdinand von Zeppelin wurde am 8. Juli 1838 auf der Dominikanerinsel in Konstanz im heutigen Inselhotel geboren. Er war der Sohn des früheren fürstlich hohenzollernschen Hofmarschalls und Baumwollfabrikanten Graf Friedrich von Zeppelin (1807-1886) und dessen Frau Amélie Françoise Pauline geb. Macaire d'Hogguèr (1816-1852). Ferdinand erfuhr eine Erziehung durch Hauslehrer.

In seinem 17. Lebensjahr trat er 1855 als Kadett in die Kriegsschule Ludwigsburg ein. Er wurde 1858 Leutnant und im selben Jahr für ein Studium in den Fächern Staatswissenschaften, Maschinenbau und Chemie an der *Eberhard-Karls-Universität Tübingen* beurlaubt.

Der junge Zeppelin reiste über Liverpool nach Nordamerika und erhielt dort eine Audienz bei Präsident Abraham Lincoln. In Amerika konnte Zeppelin am 30. April 1863 an einer Ballonfahrt teilnehmen. Dieses Erlebnis ließ ihn zeitlebens nicht mehr los. Er erkannte jedoch auch die Schwäche der Freiballone: ihre Abhängigkeit von der jeweiligen Windrichtung bzw. ihre Unlenkbarkeit.

Nach seiner Verabschiedung aus der Armee im Alter von 52 Jahren widmete sich Graf Zeppelin ganz der Konstruktion von Luftschiffen. Es gab Fortschritte und Rückschläge, aber der Graf gab nicht auf, auch nicht als am 5. August 1908 der *Zeppelin LZ4* in Echterdingen bei Stuttgart verunglückte. Die Kinder riefen:

Zeppelin hin, Zeppelin her,
Zeppelin hat kein Luftschiff mehr.
Zeppelin auf und Zeppelin nieder,
Zeppelin hat ein Luftschiff wieder.
Zip, Zap, Zeppelin,
's Luftschiff ist schon wieder hin.

Um Mittel für den Weiterbau von Luftschiffen zu erhalten, rief man zur *„Zeppelinspende des deutschen Volkes"* auf. Sie erbrachte über sechs Millionen Mark (in heutiger Währung kaufkraftbereinigt 43 Millionen Euro) und legte die finanzielle Grundlage für den Durchbruch zum weiteren Bau von Zeppelin-Luftschiffen. Nun erklang freudig das Zeppelin-Lied

Hoch in stolzem Bogen   *Ihm gehört das Weite*
Ueber Berg und Tal   *Ihm gehört die Welt!*
Kommt Zeppelin geflogen   *Friedlichem Geläute*
Früh im Morgenstrahl.   *Lauschet froh der Held!*
In dem Reich der Lüfte
Herrscht er stolz und kühn
Ueberbrückt die Klüfte!
Heil Dir! Graf Zeppelin!

(Melodie: Mit dem Pfeil, dem Bogen)

Die von Graf Zeppelin entwickelten Flugkörper kamen von 1909 bis 1914 in der zivilen Luftfahrt zum Einsatz, dann verstärkt im Ersten Weltkrieg. Sie erwiesen sich als für den Krieg ungeeignet, obwohl Graf Zeppelin sie vor allem dafür gedacht hatte. Zeppeline waren deutlich besser in der Lage, Dutzende von Passagieren über weite Strecken zu transportieren. So setzte in den 1930er Jahren ein regelmäßiger Transatlantikverkehr ein. Man flog per Luftschiff von Frankfurt nach New York. Der Name *Zeppelin* wurde zum Synonym für Luftschiffe generell. Am 6. Mai 1937 unternahm die *LZ 129 Hindenburg* nach 63 Fahrten mit insgesamt 3.059 Passagieren ihre letzte Fahrt. In Lakehurst kam es zur Katastrophe, als das Luftschiff bei der Landeanfahrt plötzlich explodierte. 35 Passagiere und Mannschaftsmitglieder sowie ein Mitglied der Landemannschaft starben bei der Tragödie. Der genaue Grund für die Entzündung des Gases im Heckteil konnte nie zweifelsfrei festgestellt werden.

Die Ära der Zeppeline ging mit dem „*Hindenburg-Unglück*" augenfällig zu Ende. Flugzeuge übernahmen den Platz der Zeppeline am Himmel.

Deutsche Fliegerinnen[37]
Mutige Frauen leben ihren Traum

Das Flugzeug

Das Flugzeug
auf daß es sich erhebe
in die Lüfte
Auf daß es über
die Berge schwebe
und die Meere
überquere
Auf daß es sich wie
Ikarus die Sonne
ansehe …

Guillaume Apollinaire[38]

Frei! Allein!
O weites
unendliches
Einsamsein!

Stefan Zweig

Steigt ihr?
Ist es wahr, daß ihr
Steigt, ihr höheren Menschen?

Friedrich Nietzsche

In den zwanziger Jahren des vorigen Jahrhunderts entwickelte sich in Deutschland ein neues Frauenbild. Die zwischen 1900 und 1910 geborenen Mädchen hatten ihre Mütter während des *Ersten Weltkriegs* arbeiten sehen. Sie wollten nun selbstbewusst den Männern gleichgestellt sein, einen Beruf ergreifen und eigenes Geld verdienen. Ganz mutige Mädchen träumten sogar davon,

Pilotin zu werden. Oft gab es in den Familien Kampf mit den Eltern, sobald die Tochter den Wunsch äußerte, das Fliegen zu erlernen. Einigen jungen Frauen gelang es jedoch mit Mut und Ausdauer, ihr Ziel zu erreichen. Sie gingen als *Himmelsstürmerinnen* und als *Königinnen der Lüfte* in die Geschichte ein.

Leider war die Zeit der freien Flüge und der Erkundung der Welt sehr begrenzt. Während des Nationalsozialismus änderte sich das Frauenbild schnell. Alleinflüge in fremde Länder oder Kontinente waren verboten. Die deutsche Frau wurde *Heimchen am Herd* und Mutter möglichst vieler Kinder. Erst mit Beginn des *Zweiten Weltkrieges* ergab sich für die ausgebildeten Pilotinnen wieder eine Gelegenheit zu fliegen und viele ergriffen diese Chance. Beim Dienst in der Luftwaffe überführten sie Maschinen und testeten neue Modelle. Ein gefährliches Unterfangen in kriegerischen Zeiten.

Bernhard Hoettger Gedankenflug 1906

Parthenope
Eine altertümliche Sage von Matthias Winzen[39]

Parthenope war die erste unter den Mädchen und Jungfrauen im griechischen Altertum, die sich Dädalus ähnlich in die Lüfte erhob. Ihre Eltern waren wohlhabend gewesen und hatten die vielseitig begabte Tochter gefördert. Bei einem Schüler des großen Künstlers und Baumeisters Dädalus hatte sie zunächst das Zeichnen und die Bildhauerei studiert. Bald hörte sie vom sagenhaften Flug das Dädalus, durch den er sich von König Minos befreit hatte. Nun wollte auch sie das Fliegen mit Schwingen erlernen. Sie ging nach Athen, um in diesem Zentrum des Wissens und der Gelehrsamkeit alles zu erlernen, was sie für die Berechnung eines glücklichen Fluges benötigen würde. Aber fern der Heimat wurde ihr als junge Frau der Zugang zu den Schulen der Gelehrten verweigert. Erst nach vielen Bitten wurde sie zu einer der Athener Vogelschulen zugelassen. Sie stellte sich geschickt an, aber bei ihrem zweiten Flug mit dem Dädalusapparat stürzte sie ab. Sie blieb fast unverletzt, jedoch schmerzte ihr Knöchel, wogegen sie ein Kraut nahm, das manche ein Heilmittel, andere ein Gift nannten. Der Gelehrte, welcher der Vogelschule vorstand, deutete Parthenopes Missgeschick als Zeichen, dass Frauen nicht zum Flug mit dem Dädalus-Apparat bestimmt seien, obwohl ein Absturz auch so manchem Jüngling widerfahren war.

Nach einem halben Jahr fand Parthenope endlich Aufnahme in eine andere Vogelschule. Mit glühendem Eifer wollte sie bald die große Prüfung bestehen, auf Vogelschwingen so lange durch die Lüfte zu gleiten, wie ein Weiser für hundert Schritte benötigt. Aber am Morgen vor der Prüfung fand sie, die einzige Jungfrau unter den Jünglingen der Vogelschule, ihren Dädalus-Apparat beschädigt. Einer der Jünglinge hatte des Nachts das Wachs um alle großen Federn gelockert. Ein weiteres Mal, als sie sich gerade in die Lüfte erheben wollte, bemerkte sie, dass sogar die Fäden und die großen Federn heimlich gelockert worden waren. Sie rettete sich, indem sie mit letzter Not gleitend zur Erde zurückkehrte. Der Lehrer jedoch tat den Frevel der Jünglinge ab: „Das war ein Streich von Männern, einer Frau gespielt, die unerlaubt in ein Männern vorbehaltenes Revier eingedrungen ist.“

Für die nächste Prüfung benutzte Parthenope eine List nach der Art des großen Odysseus. Der Lehrer lag krank darnieder und Parthenope wählte sich früh am Morgen zwei Weise des Vogelfluges zu Zeugen und bestand die große Prüfung des Vogelflugs im Morgengrauen, bevor die missgünstigen Jünglinge auf dem Vogelflughügel erschienen. Sie war nun die erste Frau Griechenlands, der der freie Flug mit dem Dädalusapparat gestattet ward. Bei einem Wettstreit, der ähnlich den Olympischen Kampfspielen war und zwischen den Vogelschulen im Johannistal nahe Athen ausgetragen wurde, trugen die Vogelschwingen sie höher als alle anderen. Später unterrichtete sie bei einem Tempel in Athen die Jugend über den Vogelflug und wie die Menschen es den Vögeln gleichtun könnten. Sie leitete die Jugend an, mit aus Wachs und Federn gebauten Schwingen Hügel und Anhänge hinabzugleiten.

Parthenope fand einen Mann, der aus Troja stammte. Sie begründete gemeinsam mit ihm ihre eigene Vogelschule, bald auch eine Werkstatt, in der sie von kundigen Handwerkern Dädalus-Apparate fertigen ließ. Ihre Unternehmungen florierten, doch als der große Krieg ausbrach, wurde ihr trojanischer Ehemann als Fremdling gefangen genommen. Sie selbst durfte, einer Gefangenen gleich, ihr Haus nicht mehr verlassen. Als der Krieg endlich vorüber war, fand Parthenope ihre Vogelschule und die Werkstatt im Johannistal bei Athen verlassen und verwüstet. Ihr war nichts geblieben. Noch einmal wollte sie der Welt ihr Können beweisen und bereitete einen großen, langen Flug mit dem Dädalus-Apparat vor. Aber schon bei den Probeflügen hatte sie ihr Glück verlassen, und sie stürzte ab. Sie blieb ohne Verletzung, doch ihr großer Traum vom Fliegen blieb ihr nicht mehr erreichbar. Zerrüttet von ihrem Schicksal und von dem

*Kraut, das sich nicht nur als Heilmittel, sondern zugleich als rausch-
haftes Elixier erwiesen hatte, richtete sie die Hand gegen sich selbst
und starb.*

*Ihr zu Ehren stellten die Bürger von Ithaka eine Gedenktafel am
Ort ihrer Geburt auf.*

Diese Erzählung über Parthenope beschreibt das Schicksal von
Amelie Hedwig Beese, genannt Melli Beese, anschaulich.

Deutschlands erste Pilotin[40]
Melli Beese
1886-1925

Amélie Hedwig Beese, genannt Melli, wurde 1886 in der Nähe von Dresden in eine wohlhabende Familie geboren. Der Vater, ein Architekt, förderte die vielseitige Begabung seiner Tochter, die zeichnete, verschiedene Instrumente spielte und sieben Sprachen lernte. Von 1906 bis 1909 studierte die junge Frau in Stockholm Bildhauerei, da das Studium Damen im Kaiserreich nicht gestattet war. Melli Beese hatte Erfolg mit ihren Skulpturen, die sogar in einer Ausstellung gezeigt wurden. Neben ihrer künstlerischen Arbeit hegte Melli ein brennendes Interesse für Technik und Segelboote. Als dann Nachrichten von ersten Flugversuchen um die Welt in aller Munde waren, gab die unternehmungslustige Frau die Bildhauerei auf. Sie kehrte 1910 nach Deutschland zurück und schrieb sich als Gasthörerin an der *Technischen Hochschule Dresden* ein. Flugtechnik, Flugmechanik und Mathematik wurden ihre Wahlfächer, denn Melli Beese hatte nun nur noch einen Wunsch: Sie wollte Pilotin werden!

Der Weg dahin war allerdings sehr steinig. Zuerst suchte sie in Johannisthal bei Berlin einen Fluglehrer. Sie meldete sich bei Kapitän Engelhard an, der die *Wright-Flugzeugführerschule* leitete. Als sie vor dem Kapitän stand, ganz in einen Fellmantel gehüllt, die Fellkapuze auf dem Kopf, mit Stiefeln, die ihr bis zu den Knien reichten, kniff dieser die Augen zusammen.

„Weiber taugen nicht für die Fliegerei", sagte er grob. „Aber wenn Sie wollen, dann fliege ich Sie einmal herum." Melli Beese wollte und so stieg sie mit dem „Käpten" auf. Der *Wright-Zweidecker* schraubte sich in die Höhe und schaukelte die junge Frau kräftig durch. Unten auf dem Platz blickten sich Monteure und Flieger feixend an. Als der Doppeldecker aufsetzte und ausrollte, drehte sich Melli Beese bereits nach dem Flugzeugführer um und sagte: „Ich möchte bei Ihnen schulen, Herr Engelhard"

„Haben Sie denn die Nase noch immer nicht voll?", fragte der Kapitän rau.

„Nein, im Gegenteil", erwiderte das schlanke Mädchen aus Laubegast bei Dresden und grinste ihn spitzbübisch an.[42]

Schon nach wenigen Flugstunden wusste Melli Beese, dass Engelhard sie nicht mochte, da er eine andere Vorstellung von Frauen hatte.

Sie gab aber ihren Traum nicht auf. Schließlich akzeptierte die *Ad Astra Fluggesellschaft* mit dem Fluglehrer Robert Thelen sie als Schülerin, wobei die Zahlung von 3.000 Mark eine Rolle gespielt haben mag. Im Dezember 1910 stürzte Thelen mit seiner Schülerin auf dem Passagiersitz ab – eine Antriebskette war von der Motorwelle abgesprungen. Thelen blieb unverletzt, aber Melli Beese hatte neben kleineren Verletzungen einen komplizierten Knöchelbruch, der sie zu einer Flugpause zwang. In der Berliner Zeitung vom 13. Dezember 1910 erschien folgender Bericht:

Flugunfall in Johannisthal

Gestern nachmittag hat sich auf dem Johannisthaler Fluggelände ein Unfall zugetragen, bei dem eine Dame nicht unerhebliche Verletzungen erlitt. Ingenieur Thelen war mit einer Wrightmaschine zu einem Passagierflug mit einer Dame, einer jungen Bildhauerin aus Dresden, aufgestiegen, hatte mehrere Runden in bedeutenden Höhen glatt absolviert und senkte sich dann bis auf ca. 10 Meter über dem Boden herab. Gegenüber der Schuppenreihe stürzte die Maschine plötzlich nieder und zerbrach vollständig. Der Pilot war glücklicherweise unverletzt geblieben, seine Passagierin jedoch hatte außer unbedeutenden Kontusionen (Quetschungen) einen Bruch des Fußknöchels erlitten. Von der Maschine war kaum ein Stück ganz geblieben, wie Ingenieur Thelen behauptete.

Die Verletzungen waren jedoch schwerwiegender, es gibt unterschiedliche Angaben darüber. Zur Linderung ihrer Schmerzen nahm Melli Beese Morphium-Präparate ein, um schnellstens wieder fliegen zu können, und im Januar 1911 erschien sie wieder auf dem Flugplatz, noch an Stützen humpelnd. Bald darauf war sie von ihrem Unfall einigermaßen genesen, aber sie musste sich einen neuen Fluglehrer suchen, denn Thelen weigerte sich, sie weiter zu unterrichten. Er behauptete „Frauen im Flugzeug bringen Unglück!"

Während ihrer praktischen Ausbildung wurde Melli Beese belächelt, ignoriert, angefeindet und sogar sabotiert. Einmal bemerkte sie noch rechtzeitig, dass die Tragflächenverspannung ihres Flugzeuges gelöst worden war, was zu einem Absturz geführt hätte. Vor einer ersten Prüfung wurde ihr Benzintank manipuliert, worauf der Tank Benzin verlor und sie deshalb beinahe abstürzte. Kein Wunder, dass sich die enorm teure Ausbildung von Melli Beese monatelang hinzog.

Endlich, am 13. September 1911, ihrem 25. Geburtstag, traf die junge Frau am frühen Morgen, lange vor den anderen Flugschülern, in Begleitung von eigens bestellten Zeugen am Flugplatz Johannisthal ein. Sie flog mit ihrer *Rumpler-Taube* die vorgeschriebenen Manöver, bestand die Prüfung und erhielt mit der Nummer 115 die „Flugzeugführerlizenz". Melli Beese war damit die 115. Person und erste Frau, die in Deutschland offiziell fliegen durfte. Die *Johannisthaler Flugplatzgesellschaft* war nun stolz auf die junge hübsche Pilotin und stellte Melli Beese als die erste deutsche Motorfliegerin in damenhafter Pose dem flugbegeisterten Berliner Publikum vor.

Die Pilotin war jedoch nicht am gesellschaftlichen Leben interessiert, sie wollte fliegen, immer nur fliegen.

Die erste Gelegenheit dazu bot die Teilnahme an einem Wettbewerb während der „Nationalen Flugwoche" vom 24. September bis zum 1. Oktober 1911 in Johannisthal. Die männlichen Piloten

machten Schwierigkeiten und wollten nicht zusammen mit einer Frau fliegen. Da Melli Beese aber schon im Programmhaft angekündigt war, stellte man ihr einen *Taube-Eindecker* zur Verfügung und als Passagier einen jungen Flugschüler. Die Berliner Zeitung teilte mit:

Am Ende der Flugwoche hatte Melli Beese unter 24 Teilneh-
mern den fünften Platz belegt und war bei ihrem ersten Wettbewerb sogleich in die Spitzengruppe der deutschen Motorflieger
vorgestoßen.

Entschlossenheit im Blick: Melli Beese in ihrer „Taube“

Nach all den Querelen und Demütigungen, die Melli Beese als
Frau erlitten hatte, beschloss sie, ein eigenes Luftflugunterneh-
men zu gründen, die *Flugschule Melli Beese GmbH*. Hier bot sie
eine streng geordnete und planmäßige Ausbildung an und enga-
gierte als Chefpiloten den Franzosen Charles Boutard, den sie
im Jahre 1913 heiratete. Nachdem die Konstruktionspläne der
„Taube“ des Österreichers Igo Etrich freigegeben waren, baute die
Flugschule Melli Beese ein eigenes Modell, das zu einem Preis
von 12.000 Mark sehr günstig angeboten wurde. Nach schwierigen
Anfangsjahren schienen die Zeiten nun leichter zu werden. In den
Schuppen der Flugschule standen neben den drei Schulflugzeu-
gen der Anfangszeit drei funkelnagelneue „Melli-Beese-Tauben“
aus eigener Produktion. Die ehrgeizigen Pläne der Konstrukteurin
reichten noch weiter. Nun beschäftigte sie sich mit dem Bau eines

Flugbootes, eines Fahrzeugs, das ihre Liebe zum Hochseesegeln mit ihrer Flugleidenschaft verband.

Der *Erste Weltkrieg* brachte jedoch für jede weitere Entwicklung das Ende, da Mellis Ehemann „feindlicher" Franzose war, und sie selbst mit der Heirat die französische Staatsbürgerschaft angenommen hatte. Charles wurde verhaftet, die Flugschule wurde geschlossen und ihr im Bau befindliches Flugboot zerstört. Während des Krieges lebte das Ehepaar Beese-Boutard in Wittstock an der Dosse in der Verbannung. Zum Nichtstun verdammt, ohne Geld und vollkommen isoliert in einer fremden Umgebung erkrankten beide an Tuberkulose. Einmal schon hatte Morphium Melli Beese bei der Überwindung körperlicher Schmerzen geholfen, jetzt brauchte sie Morphium, um die Leere auszufüllen, welche die Dumpfheit des Daseins in ihr auslöste. In der Isolation wurde die Ehe schwierig und jeder Tag war eine neue Qual, Vergessen schenkte nur das Opiat.

Nach dem Krieg kehrte Melli Beese sofort nach Berlin zurück, aber sie konnte weder wirtschaftlich noch privat wieder Fuß fassen und ihre Ehe scheiterte. Am 21. Dezember 1925 nahm sich die ehemalige wagemutige erste deutsche Pilotin in einer Pension in Berlin-Halensee das Leben. Neben der Leiche fand man einen Zettel mit dem Satz:

Fliegen ist notwendig, Leben nicht.

Sie liegt auf dem Schmargendorfer Friedhof begraben.

Auf vielerlei Weise wird auch im 21. Jahrhundert der wagemutigen Frau noch gedacht: Straßen tragen ihren Namen, Schulen wurden nach ihr benannt und Gedenktafeln erinnern an sie.

Gedenktafel in Dresden Laubegast
Foto: Robin Kromat

In Berlin (Bezirk Charlotten-burg-Wilmersdorf) trifft man in der Melli Beese-Anlage auf eine moderne Skulptur, die 1971 von der Künstlerin Anneliese Rudolph zur Erinnerung an die Pilotin geschaffen wurde:

TAUBE

Auf einem säulenförmigen Betonsockel ruht die abstrakte Aluminiumskulptur, welche die Form zweier ausgebreiteter gespreizter Flügel hat. Im oberen Bereich der Säule befindet sich die Inschrift

MELLI BEESE-ANLAGE
AMELIE BEESE • ERSTE
DEUTSCHE FLIEGERIN
1886-1925

Foto: Susanne Kähler

The flying German Fräulein
Theodora „Thea" Rasche[42]
1899-1971

Theodora Rasche, genannt Thea, wurde am 12. August 1899 in Unna in Westfalen geboren. Ihre Mutter war eine aus Holland stammende lebensfrohe und heitere Frau, die ihre drei Kinder, zwei ältere Söhne und Thea, das Nesthäkchen, mit viel Liebe und Wärme erzog. Anders der Vater, Wilhelm Rasche. Er war Direktor der Essener Aktienbrauerei und gab sich als absoluter Herrscher der Familie. Dieser strenge starrsinnige Mann wollte auch das Leben seiner Tochter nach seinen Vorstellungen gestalten. In seinen Augen war die wahre Berufung eines Mädchens die Ehe.

Als beide Söhne der Familie Rasche im Ersten Weltkrieg ihr Leben ließen, sollte Thea heiraten und zwar einen Mann, der die Firma weiterführen würde. Der Vater hatte schon den passenden Ehepartner ausgewählt und Thea hatte unter Schmerzen eingewilligt. Eine halbe Stunde vor der standesamtlichen Trauung in Berlin sagte sie kurzentschlossen „NEIN".

Es folgte eine äußert schwierige Zeit im Hause Rasche, bis Thea einen Besuch bei Bekannten machen durfte, die in Münster eine Flugschule eröffneten. Nach einem Rundflug mit einem der Piloten wusste sie: *Ich möchte selbst fliegen!!*

Zuerst begann Thea Rasche eine Ausbildung in Münster. Als die Flugschule schließen musste, fuhr die Flugsportbegeisterte in die Rhön und sah auf der Wasserkuppe zum ersten Mal Flugzeuge, die motorlos im Wind segelten. Hier traf sie auch eine begeisterte Gruppe von Fliegern, unter ihnen Ernst Udet und Paul Bäumer. Paul Bäumer bot ihr an, seine Schülerin zu werden, und nach zweieinhalb Lehrjahren legte sie am 23. Januar 1925 ihre Pilotenprüfung ab; es war der erste Alleinflug einer Frau in Deutschland nach dem Ersten Weltkrieg. Im Oktober des gleichen Jahres folgte ein Überlandflug und Thea Rasche erhielt den Flugzeugführerschein; als sie kurz darauf noch den Kunstflugschein machte, war sie auch die erste offizielle deutsche Kunstfliegerin. Nun akzeptierte Vater Rasche seine fliegende Tochter und stolz schenkte er ihr ein eigenes Flugzeug, einen *Flamingo*, einen Doppeldecker vom Typ *Udet U 12*; er bezahlte sogar einen Monteur.

Im Jahre 1927 war Thea Rasche bereit, Einladungen in die USA anzunehmen. Die Amerikaner konnten es zu diesem Zeitpunkt kaum glauben, dass eine Frau allein ein Flugzeug flog. Nachdem Thea Rasche einige Kunstflugfiguren über und um die Freiheitsstatue in New York geflogen war, begegnete sie in Amerika einem großen Enthusiasmus und wurde Vorbild für viele junge Frauen, die ihrem Aufruf *„Girls learn flying!"* folgten. Thea Rasche reiste anschließend durch die USA, zeigte ihre Flugkünste und hielt Vorträge.

Eine unvergessliche Erinnerung an diese Zeit war im Jahre 1929 die Teilnahme am *Powder Puff Derby* – dem ersten Frauen-Luftderby überhaupt. Zwanzig Girls sollten von Los Angeles aus, allein im Flugzeug, ein Rennen über 5.200 km durch den ganzen amerikanischen Kontinent durchführen. Der Flug ging über die hoch aufragenden Rocky Mountains, über unendliche Wüsten und unebene Steppen, wo hunderte Meilen lang keine Menschenseele anzutreffen war. 13 Mädels von 20 schafften es, in Cleveland anzukommen. Thea war eine von ihnen. Sie berichtete ausführlich davon in ihrem Buch *Thea Rasche – Und über uns die Fliegerei.*

Im November 1929 kehrte Thea Rasche nach Deutschland zurück, wo sie finanzielle Unterstützung für einen Südamerikaflug finden wollte, was ihr aber nicht gelang. Immer wieder brachte sie ihr Flugzeug in Geldnöte, und schließlich musste sie es 1933 schweren Herzens verkaufen. Um weiter fliegen zu können, trat sie im gleichen Jahr in die NSDAP ein, wurde Mitglied des NS-Fliegerkorps und Hauptschriftleiterin der Zeitschrift *Flug-Illustrierte.*

Im Jahre 1947 wurde Thea Rasche entnazifiziert. Die Entnazifizierungskammer bestätigte, sie sei nur nominelles Mitglied der NSDAP gewesen und habe sich nicht mit deren Zielen identifiziert.

Nach dem Ende des Zweiten Weltkrieges verbrachte Thea Rasche einige Jahre in Amerika, bevor sie 1953 nach Essen in ihre Heimatstadt zurückkehrte. Hier lebte sie von Sozialhilfe in einer kleinen Wohnung bis zu ihrem Tode.

Das Grab der Familie Rasche auf dem Friedhof in Essen-Bredeney, wo auch Thea Rasche beigesetzt ist, wurde am 23. April 2008 auf Beschluss der Stadt Essen in ein Ehrengrab umgewandelt. So ist die Ruhestätte erhalten geblieben.

Auch an anderen Orten in Deutschland wird auf unterschiedliche Weise der mutigen Frau gedacht:

Thea Rasche Straße in Frankfurt am Main Flughafen
Thea Rasche Zeile in Berlin

WDR Heimatfilm:
The Flying Fräulein aus Essen
Die Abenteuer der Thea Rasche

Antonie Strassmann

1901-1952

Antonie Strassmann, geboren am 14. April 1901, wuchs zusammen mit zwei Brüdern in der Schumannstraße 18 in Berlin auf. Ihre großbürgerliche, wohlhabende Familie um den Vater Professor Paul Strassmann (1866-1938), renommierter Gynäkologe mit eigener Klinik, war durch ihn patriachalisch geprägt. Im Jahre 1895 konvertierte Professor Strassmann vom jüdischen Glauben zum evangelischen Christentum. Antonie, seine einzige Tochter, war äußerst sportlich, liebte Turnen und Schwimmen, Bergsteigen, Eislaufen, Skifahren und Reiten, was der Vater stets guthieß, als sie jedoch mit 16 Jahren beschloss, Schauspielerin zu werden, gefiel ihm das überhaupt nicht. Antonie setzte sich dennoch trotzig gegen ihn durch, und schon 1920 feierte sie große Erfolge als *Maria Stuart* (Schiller), *Iphigenie auf Taurus* (Goethe) und 1921 als *Judith* (Hebbel) an der Seite des berühmten Paul Wegener. Als Mitglied der „*Hautevolee*" der Berliner Gesellschaft hatte sie einen Stammplatz im Berliner Sportpalast und als „*Neue Frau*" versuchte sie sich als Sportjournalistin. Mitte der 1920er Jahre hatte Antonie Strassmann einen Selbstmordversuch, eine Schönheitsoperation und eine Scheidung hinter sich, war frei und bereit für zahlreiche Liebhaber, unter ihnen der preußische Kronprinz, der Schauspieler Rudolf Forster und der berühmte Pilot Ernst Udet. Ihre erfolgreiche Bühnenkarriere setzte sie bis 1930 fort.

Erste Berührungen mit der Fliegerei bekam Antonie Strassmann durch ihren Bruder Erwin, der bei der Luftschiffertruppe im *Ersten Weltkrieg* Leutnant und Ballonschiffer war. Nun wollte die abenteuerlustige Antonia auch fliegen lernen. Am 25. Februar 1928 hatte sie ihren Pilotenschein in der Tasche und wenige Monate später auch ihre Kunstflugberechtigung. Bald sah man sie auf den vielen Flugtagen jener Jahre als Teilnehmerin hinter dem Steuerknüppel und als sportlich elegante Freundin populärer Zeitgrößen. Antonie Strassmann gehörte auch zum kleinen Kreis deutscher Pilotinnen wie Marga von Etzdorf, Thea Rasche und Elly Beinhorn, die immer häufiger in der Presse Erwähnung fanden.

v. l. Thea Rasche
Elly Beinhorn
Antonie Strassmann

Ab 1930 hielt sich Antonie Strassmann häufig in Amerika auf und konnte 1931 legal immigrieren. Sie nahm Wohnsitz in New York und ergriff am 19. Mai 1932 die Chance im deutschen Flugboot *Dornier Do X* als Crewmitglied neben 13 Männern nach Deutschland zu fliegen. Sie war hauptsächlich für die Verpflegung zuständig, wurde aber auch als Hilfspilotin eingesetzt und war damit die erste Europäerin, die ein Flugzeug über den Atlantik steuerte. Nach der Landung auf dem Berliner Müggelsee schilderte sie in zahlreichen Zeitungsartikeln ihre Erlebnisse bei diesem Flug, der reibungslos verlief und als Pionierflug die transatlantische Verkehrsfliegerei einleitete.

Schon im August des gleichen Jahres unternahm Antonie Strassmann ihren letzten großen Flug entlang der Ostküste Südamerikas (über 3.000 km) von Pernambuco (Recife) nach Buenos Aires. In Bahia, Victoria, Rio de Janeiro, São Paulo, Montevideo und Buenos Aires absolvierte sie mehrere Zwischenlandungen.

Antonie flog in ihrer *Klemm KL25*, die sie von der *Klemm-Fabrik* in Böblingen nach Friedrichshafen am Bodensee überführt hatte. Dort hatte Hugo Eckener, der Chef der *Zeppelinwerke*, ihr gestattet, das in Einzelteile zerlegte Flugzeug an Bord des „*Grafen Zeppelin*" zu nehmen und mit diesem vom 12.-15. September 1932 den Südatlantik zu überqueren.

Bei der Ankunft in Pernambuco wusste niemand außer Antonie, wie das Flugzeug wieder zusammengesetzt werden musste. So baute sie es selbst zusammen, und da der Platz, auf dem der Zeppelin gelandet war, sich für einen Start als zu kurz erwies, stellte sie 15 Brasilianer ein, die das Flugzeug auf ihren Schultern beinahe 20 Kilometer durch den Dschungel trugen zu einem Flugfeld, das den Anforderungen genügte. Antonie brauchte eine Woche, um von Pernambuco nach Rio de Janeiro zu fliegen und sie berichtete begeistert[44]: *Land voll Sonne und Licht! Brasilien ist einfach bezaubernd. Ich habe niemals ein Panorama gesehen, das so endlos und bedeutsam war und so voller Schönheit …*

Zurück in New York entdeckte die wagemutige Pilotin ihren Geschäftssinn und betätigte sich als Beraterin und Repräsentantin im Technologietransfer zwischen deutschen und amerikanischen Flugzeugherstellern. Antonie Strassmann erlag 1952 im Alter von 51 Jahren ihrem langjährigen Krebsleiden. Ihr Leichnam wurde auf dem römisch-katholischen Friedhof in *White Plains, New York*, beigesetzt. Auf dem Friedhof in Berlin-Wannsee befindet sich am Ehrengrab ihres Vaters Paul Strassmann ein Gedenkstein.

Die Kunstfliegerin[45]
Liesel Bach
1905-1992

Liesel Bach wurde am 14. Juni 1905 in Bonn geboren. Sie verlor ihre Mutter, als sie elf Jahre alt war, der Vater, Besitzer einer Maschinenfabrik, war geschäftlich stark eingebunden. Da beschäftigte sich das sportliche Mädel mit Tennis, Hockey, Reiten und Leichtathletik, besonders interessierte sie jedoch der Wassersport. Beim Turmspringen errang sie mehrfach Siege und war sogar für die Olympiateilnahme 1928 in der engeren Wahl. Liesel war ein fröhliches, aufgeschlossenes Mädchen, das ihre Freundinnen und Freunde liebevoll „*Bachstelze*" nannten.

Vater Bach war zwar stolz auf die sportlichen Erfolge, aber er bestand darauf, dass seine Tochter einen ordentlichen Beruf erlernte und brachte sie in einem Damen-Modeatelier unter. Liesel gehorchte und schloss sogar ihre Lehrzeit mit einer Gesellenprüfung ab. Vom Sport wollte sie aber nicht lassen, und da erlaubte ihr der Vater, Turn- und Sportlehrerin zu werden.

Ihre erste Begegnung mit der Fliegerei machte Liesel Bach auf dem Flugplatz in Hangelar bei Bonn, wo sie bei einem Bekannten mitfliegen konnte. Die junge Frau war von diesem Erlebnis so fasziniert, dass sie spontan, als einziges weibliches Mitglied, dem Ortsverein des DLV und der dortigen Segelfliegergruppe beitrat. Es folgte die übliche Flugausbildung zur Pilotin mit Erwerb des A2-Scheins und des Kunstflugscheins.

Als Liesel Bach am 28. Mai 1929 an den Kunstflugmeisterschaften in Stuttgart teilnahm, trauten die Zuschauer ihren Augen nicht, denn solch eine Show hatten sie noch nie gesehen. Liesel Bach flog mit ihrer *Tigerschwalbe*, einer bulligen Maschine mit 300 PS Leistung, Zuerst kam die Pflicht mit zwei *Rollenkreisen*, von denen einer rechts- und der andere linksherum ging, zwei *Loopings* nach unten, *Fächerturns*, der *Schraube* und schließlich ihrer Spezialität, der *Rückenflugacht*. Dann war es so weit, und nun setzte Liesel alles auf eine Karte! Sie flog die *Rückenkreis-Quadrille*, drehte in eine horizontale *Bandschleife*, machte den Globus mit Rollenstern und flog dann eine bezaubernde, die Menschen zu wahren Beifallsstürmen hinreißende Rosette, die aus vier *Wirbelturns* bestand. Es folgte der *Achterstern*. Das *Loopingkreuz* und die Rollen- und *Außenloopings* folgten, und eine *Acht* kam noch hinzu.

Auf der Erde aber blickte alles gespannt gen Himmel, wo eine begnadete Fliegerin ihre scheinbar so leichten, so anmutigen und gefälligen Kreise und Schleifen und Drehungen flog, dass es aussah, als wäre sie ein großer, schöner Vogel. Liesel Bach wurde hinter den Fliegern Willi Stör und Gerd Achgelis Dritte, aber von nun an war sie unbestrittene *Königin des Kunstfluges*. Flugkameraden nannten sie liebevoll *die fröhliche fliegende Bachstelze*.

Liesel Bach war im Jahre 1930 die erste Kölner Pilotin, und sie meldete sich für die am 29. Mai 1930 stattfindende *„1. Damenkunstflugmeisterschaft verbunden mit Geschicklichkeitswettbewerb und Opel-Sternflug"* an. Alle anderen Teilnehmerinnen waren erfahrener als Liesel, aber nach Pflichtprogramm und Kür siegte Liesel Bach mit 80 Punkten vor Elly Beinhorn. Sie erhielt den Preis der *Opel-Werke*, einen Opel-Sportwagen, und eine Fahrt mit dem Zeppelin. Liesel Bach war über Nacht berühmt geworden. Es folgten viele andere Wettbewerbe und Siege in Deutschland und im europäischen Ausland bis zum Kriegsbeginn. Während des *Zweiten Weltkriegs* war Liesel Bach für die Luftwaffe als Kunstfluglehrerin tätig und überführte später Flugzeuge von den Herstellerwerken zu den Luftparks.

Nach Ende des Krieges war es deutschen Pilotinnen verboten zu fliegen. Da erhielt Liesel Bach ein einmaliges Angebot: Der Präsident des indischen *Aero-Clubs* kam von Indien nach Köln und suchte eine Kunstfliegerin für ein großes internationales Flugturnier. Er entschied sich für Liesel Bach. Die Einladung galt für drei bis vier Monate, doch niemand konnte ahnen, dass das Abenteuer drei lange, aufregende Jahre dauern würde. Die Pilotin bekam von den Kölner *Ford-Werken* ein hübsches Kabriolett zur Verfügung gestellt, das mit einem Frachter nach Indien transportiert wurde und dort für die deutsche Automobilindustrie Werbung machte.

Liesel Bach wurde als Deutsche in Indien sehr freundlich aufgenommen, und als sie im Februar 1951 vor 100.000 Zuschauern den „*Asiatischen Kunstflugwettbewerb*" gewann, war sie eine viel bewunderte Heldin. Während ihres dreijährigen Aufenthaltes in Indien flog Liesel Bach als erste Frau der Welt über den Himalaya und dabei über den *Mount Everest*, den *Thron der Götter*. Für einen weiteren Flug in die Bergwelt des Himalaya stellten ihr Offiziere der Armee von Kaschmir eine „*Spitfire*" zur Verfügung. Zwar musste die Deutsche einen indischen Piloten der Luftwaffe der Form halber mitnehmen, aber sie genoss den Flug über Schnee und Eis in der einzigartig schönen Gletscherwelt. Problemlos überflog sie den *Nanga Parbat* in einer Höhe von mehr als 8.000 Metern, wiederum als erste Frau der Welt.

1952 verteidigte Liesel Bach ihren internationalen Titel im Kunstflug auf der Insel Ceylon, wobei sie erste Siegerin in der Damenklasse wurde und den ersten Sieg in der Gesamtwertung einschließlich der Herrenklasse davontrug.

Bevor Liesel Bach nach Deutschland zurückkehrte, wurde sie noch vom Ministerpräsidenten Jawaharlal Nehru empfangen, der ihr für die Heimfahrt viel Glück und weitere Erfolge wünschte.

Liesel Bach hat über ihre Erlebnisse in Indien ein spannendes Buch geschrieben, es trägt den Titel

Den
alten Göttern
zu Ehren
Eine deutsche Fliegerin
in Indien

Zurück in Europa flog Liesel Bach weiter auf Erfolgskurs bis zum Alter von 70 Jahren. Gegen Ende ihres bewegten Lebens kehrte die fliegende Weltreisende zufrieden wieder zu ihrem sportlichen Anfang, dem Tennis, zurück. Sie zog in eine entsprechende Anlage in Bandol in Südfrankreich, wo sie 1992 starb.

Marga von Etzdorf

1907-1933

Margarete Wolff wurde am 1. August 1907 in Spandau bei Berlin geboren. Ihr Vater war der königlich preußische Hauptmann Fritz Wolff und ihre Mutter dessen Ehefrau Margarethe, geborene von Etzdorf. Im Jahre 1911 verloren die Eltern bei einem Badeaufenthalt in Ragusa an der bulgarischen Küste ihr Leben, als Hauptmann Wolff versuchte, seine Frau aus der Brandung an der Felsküste zu retten. Die vierjährige Marga und ihre jüngere Schwester Ursula wurden von ihren Großeltern mütterlicherseits adoptiert und großgezogen.

Der Großvater war ein königlich preußischer General der Infanterie, der 1910 aufgrund seiner Kriegsverdienste geadelt wurde. Im Sommer lebten die beiden Schwestern mit ihren Großeltern auf deren Gut in der Lausitz und den Winter verbrachten sie im Stadthaus in Berlin. Ab 1920 trugen die Mädchen den Namen „von Etzdorf".

Marga war eine gute Schülerin, die sich vor allem für Mathematik und Naturwissenschaften interessierte. Nach Abschluss der Schule besuchte sie auf Wunsch der Großmutter ein Haushaltungsinstitut, wo sie es aber nicht lange aushielt, und auch ein Studium interessierte sie nicht. Die sehr sportliche junge Frau bevorzugte Reiten, Fechten und Hockeyspielen. Da schenkte ihr zufällig ein Bekannter einen Rundflugschein über Berlin, und das Schicksal nahm seinen Lauf! In ihrer Autobiografie heißt es:

An diesem Tag hat es mich richtig gepackt, um mich nie wieder loszulassen, dieses Gefühl der unendlichen, der dreidimensionalen Freiheit, das einem nur das Fliegen geben kann.

Marga von Etzdorf beschloss, das Fliegen zu lernen. Mit nur 19 Jahren begann sie eine Ausbildung zur Pilotin und bestand im Jahre 1927 die *A-Schein-Prüfung* und schon bald darauf auch die *B-Schein-Prüfung*.

Am Tag ihrer Flugprüfung im Dezember 1927 in Berlin-Staaken

Nun fehlte noch das Fallschirmspringen und sie meldete sich zu einem einwöchigen Kurs an. Sie berichtet:

Der erste Tag verging mit theoretischen Erklärungen, Fallübungen und dem Legen der Schirme. Am zweiten Tag war es dann so weit – das kleine Flugzeug mit der offenen Luke stieg höher und höher. Ich schielte hinunter, winzig klein waren die mit Gräben umgebenen Wiesen und Felder, noch kleiner die roten Dächer. Allmählich bekam ich Angst, wie sollte ich nur das Landefeld finden können. Bevor ich mir noch weitere Gedanken machen kann, bin ich an der Reihe. Ich krieche nach vorne, setze mich in die offene Tür, meine Füße baumeln ins Leere. Ein Blick zum <Absetzer> – Er nickt und lässt meine Schulter frei. Ich falle ins Leere und schwebe, bevor ich noch die vorgeschriebenen einundzwanzig, zweiundzwanzig, dreiundzwanzig zählen kann, am Schirm hängend zwischen Himmel und Erde. Ich fühle mich plötzlich ganz leicht, gelöst und glücklich, ich habe Zeit, die Erde ganz langsam auf mich zukommen zu lassen und ich weiß, ich werde diese Erfahrung nie vergessen.

Schließlich lernte Marga von Etzdorf auch noch Segelfliegen und fühlte sich danach als *Königin der Lüfte*. Selbstbewusst bemühte sie sich um einen Arbeitsplatz und erhielt als erste Frau in Deutschland eine Stelle als Co-Pilotin bei der *Deutschen Luft Hansa*. Unter dem männlichen Vornamen „*Franz*" flog sie die Strecken Berlin-Breslau und Berlin-Stuttgart-Basel. Die Passagiere saßen in einer beheizbaren Kabine, Pilot und Kopilot dagegen im Freien, wo sie den Unbilden des Wetters ausgesetzt waren. Wenn sich erfreute Passagiere für einen gelungenen Flug bedankten, reagierte Marga mit einer stummen Verbeugung oder sie ließ ihre Stimme männlich klingen.

Im Jahre 1930 kaufte sich Marga von Etzdorf von ihrem Erbe und mit Unterstützung der Großeltern ein eigenes Flugzeug, eine

Junkers A50 Junior. Sie ließ die Maschine knallgelb spritzen und nannte sie „*Kiek in die Welt*", nach ihrem Kinderkosenamen, wie man sie liebevoll nannte, weil sie immer hinaus in die Welt wollte. Von nun an unternahm sie Werbe- und Kunstflüge und begeisterte die Zuschauer mit *Loopings*; das alles im offenen Cockpit.

Als Nächstes wandte sich die Pilotin längeren Strecken zu und flog von Berlin aus nach Madrid, zu den Kanaren und nach Istanbul.

Nicht immer ging alles glatt, und zweimal legte Marga von Etzdorf sogar eine Bruchlandung hin, worauf man sie spöttische schon „*Pechmarie*" nannte, aber niemand bewunderte sie dafür, dass sie selbst die Zündkerzen säuberte und sogar den Motor austauschen konnte.

Der größte Erfolg der waghalsigen Pilotin wurde schließlich der spektakuläre Alleinflug in elf Tagen von Berlin nach Tokio. Das bedeutete viele einsame Stunden allein im Flugzeug, aber Marga von Etzdorf war sich immer bewusst, dass sie ihren Traum vom Fliegen lebte, die Schwerelosigkeit fühlte und dem Himmel ganz nah war. Und dann sang sie, sang, obwohl sie sich selbst durch den Lärm des Motors gar nicht hören konnte, fühlte sich frei; manchmal las sie auch Gedichte, lernte sie auswendig oder schrieb Postkarten. Dann endlich kam nach langer, langer Zeit die Landebahn in Tokio in Sicht.

Am 29. August 1931 standen tausende Menschen am Rollfeld und winkten mit japanischen und deutschen Fähnchen. Der *kaiserliche Aeroclub Japans* zeichnete Marga von Etzdorf mit einer goldenen Verdienstmedaille aus und es wurde ausgiebig gefeiert.

Leider wurde der Rückflug zum Fiasko. In China saß die Pilotin wegen politischer Unruhen mehrere Monate lang fest. Dann folgte ein verhängnisvoller Absturz in der Nähe von Bangkok, bei dem sie sich die Wirbelsäule verletzte und dadurch wochenlang vor Ort ans Bett gefesselt war. Doch sie gab nicht auf und träumte nach der Rückkehr nach Deutschland und vollständiger Genesung von einem Flug nach Australien.

Lange Verhandlungen folgten, doch endlich stellte ihr die Firma *Leichtflugzeugbau Klemm* in Böblingen eine Maschine zur Verfügung; am 27. Mai 1933 startete Marga von Etzdorf ihren Flug in Berlin. Es wurde ein kurzer Flug, denn bei der Zwischenlandung in Aleppo (Syrien) war wegen starken Wüstenwindes und Sandverwehungen das Landekreuz nicht sichtbar und Marga von Etzdorf rammte mit ihrer Maschine einen Holzzaun. Die französischen Fliegeroffiziere erklärten, es werde Wochen dauern, bis die nötigen Ersatzteile eintreffen würden. Da bat die erschöpfte Pilotin um einen Raum, in dem sie sich etwas ausruhen könne. Kaum allein in einem Zimmer neben dem Casino, nahm sie eine Pistole und setzte ihrem Leben ein Ende.

Marga von Etzdorf wurde ehrenvoll auf dem Berliner Invalidenfriedhof beerdigt. Der Grabstein trägt als Inschrift ihr persönliches Motto:

„Der Flug ist das Leben wert.“

Lange wurde angenommen, Marga von Etzdorf habe sich aus Scham und Enttäuschung über eine weitere Bruchlandung das Leben genommen, doch neuere Forschungen deuten auf einen anderen Umstand hin. Es wird vermutet, dass die Pilotin in Waffenhandel verstrickt war, denn eine automatische Maschinenpistole, ein Waffenkatalog, eine Preisliste und belastende Briefe wurden in ihrem Gepäck gefunden. Solche Geschäfte waren seit dem *Ersten Weltkrieg* verboten und die Einfädelung illegalen Waffenhandels wurde mit Gefängnis bestraft. So ist der Tod dieser außergewöhnlichen Frau bis heute ein Rätsel.

Deutschlands Meisterfliegerin[46]
Elly Beinhorn
1907-2007

Elly Beinhorn wurde am 30. Mai 1907 in Hannover geboren. Sie war das einzige Kind des Kaufmanns Henry Beinhorn, der ein Hutgeschäft führte, und seiner Ehefrau Auguste Boit. Gerne hätte das lebhafte Mädchen Geschwister gehabt und auf dem Lande gelebt, weil man dort besser herumtollen konnte, aber das blieb ein Traum. Mit fünf Jahren brachte sie sich selbst das Schwimmen bei. In Hannover besuchte Elly drei Jahre lang die Stadttöchterschule und anschließend das *Schillerlyceum*, das sie in der letzten Klasse vor dem Abitur verließ. Sie lernte leicht, erhielt jedoch in Handarbeit und Betragen stets schlechte Noten. Die Klassenkameradinnen wählten sie zur Vertrauensschülerin. Mit 16 Jahren wollte Elly Beinhorn in fremde Länder reisen und Abenteuer erleben.

Im Sommer 1928 wurde die junge Frau von Freunden zu einem Vortrag des deutschen Flugpioniers Hermann Köhl (1888-1938), der kurz vorher mit einer einmotorigen *Junkers W33* zusammen mit zwei anderen Piloten als Erster den Nordatlantik von Osten nach Westen überquert hatte. Nach dieser Begegnung stand für Elly fest, sie wollte das Fliegen lernen.

Zuhause gab es Familienkrach. Vater Beinhorn wollte seine Tochter wegen ihres Geisteszustands von einem Nervenarzt untersuchen lassen, die Mutter weinte tagelang. aber Elly ließ sich nicht beirren. Sie plünderte kurzerhand ihr Sparschwein und reiste nach Berlin zur Sportfliegerschule der *Deutschen Luft Hansa AG* in Berlin-Staaken. Trotz vieler Bedenken nahm man sie an, und im November des Jahres 1928 saß Elly zum ersten Mal in einem Flugzeug. Ihr Fluglehrer war Diplom-Ingenieur Otto Thomsen (1895-1960), der später auch Hanna Reitsch und Wernher von Braun unterrichtete. Schon im Frühjahr 1929 erwarb Elly Beinhorn den *Sportfliegerschein*, kurz darauf den *Kunstflugschein* und den *A1-Schein* für Seeflug, zusätzlich ließ sie sich im *Blindflug* ausbilden. Mehr gab es nicht.

Damit Elly als zertifizierte Pilotin nun bei Flugtagen mit einer eigenen Maschine antreten konnte, kaufte sie sich bei den Bayerischen Flugzeugwerken in Augsburg auf Abzahlung eine *Messerschmidt M23b*. Mit dieser Maschine begann Elly Beinhorns einmalige Fliegerkarriere. Ernst Udet nannte die waghalsige Fliegerin *„einen neuen Stern am weiblichen Fliegerhimmel"*, warnte sie aber bei einem Treffen in Berlin:

„Liebes Kind, wenn du so weitermachst, fällst du bald auf die Schnauze."

Diese Prophezeiung trat tatsächlich ein. Bei einer schneidig angesetzten Landung auf dem Flugplatz Saarbrücken brach Ellys Maschine aus und ging beim Aufprall auf der Piste zu Bruch. Das Telegramm von Elly an Udet wurde berühmt:

Vorhergesagter Bruch hat planmäßig stattgefunden!

Im Januar 1931 begab sich Elly Beinhorn auf einen langen Alleinflug nach Afrika. Die Firma Klemm hatte ihr ein Flugzeug mit einem 60 PS starken Motor zur Verfügung gestellt, und es gelang ihr, über eine Strecke von 7.000 Kilometern ihr Ziel in Bolama (heute Guinea-Bissau) innerhalb von 70 Flugstunden zu erreichen. Sie entschloss sich, eine Weile in Afrika zu bleiben und beteiligte sich an der Expedition des österreichischen Forschers Hugo Bernatzik (1897-1971) und des deutschen Professors Bernhard Struck (1888-1971) vom *Dresdner Museum für Völkerkunde*. Der Rückflug nach Deutschland verlief dramatisch. Wegen einer gebrochenen Ölleitung musste sie im Sumpfgebiet des Niger notlanden. Glücklicherweise fand sie bei Einheimischen Unterkunft, und man schickte eine Nachricht nach Timbuktu. Ein Französisch sprechender Mann machte sich mit ihr zu Fuß und per Boot auf die circa 50 Kilometer lange Reise; krank und erschöpft kam Elly Beinhorn schließlich in der Stadt an. Die Berliner Zeitung veröffentlichte einen groß aufgemachten Bericht über die Abenteuer der wagemutigen Pilotin und von diesem Zeitpunkt an war Elly Beinhorn schlagartig eine nationale Berühmtheit. Doch das Leben als Pilotin und Besitzerin eines Flugzeugs war kostspielig und um Geld zu verdienen, flog Elly Beinhorn auch zu Werbezwecken.

Schon am 4. Dezember 1931 startete Elly Beinhorn wieder, diesmal zu einem Weltflug, bei dem sie als erste Frau alle fünf Erdteile überquerte. Sie flog über Vorderasien, Kalkutta, den Himalaja, Bangkok, Bali bis nach Port Darwin in Australien, wo sie am 19. März 1932 landete. Danach überquerte sie per Schiff den *Stillen Ozean*, startete in Panama über die Kordilleren und traf am 23. Juli 1932 nach dem insgesamt rund 31.000 Kilometer langen Flug und drei Notlandungen in Buenos Aires (Argentinien) ein.

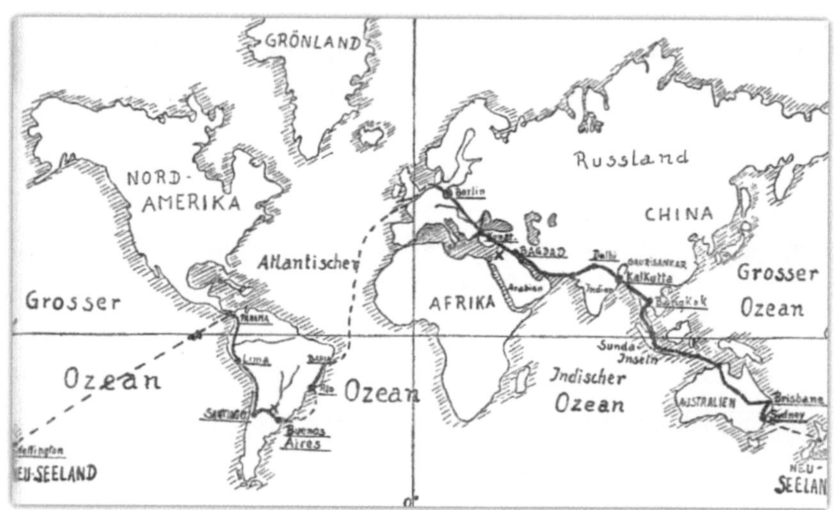

Die Karte zeigt den Weg, den Elly Beinhorn während ihres Weltflugs zurücklegte. Die gestrichelte Linie bezeichnet die Dampferfahrten zwischen den Kontinenten. Elly Beinhorn startete in Berlin und kehrte mit dem Dampfer nach Bremen zurück, von wo sie mit dem Flug Bremen – Hannover Berlin den Kreis um die Erde schloss.

Im Jahre 1936 heiratete Elly Beinhorn den berühmten deutschen Automobilrennfahrer Bernd Rosemeyer, mit dem sie 1937 einen Sohn bekam. Leider fuhr der Rennfahrer am 28. Januar 1938 bei

einem Weltrekordversuch auf der Autobahn von Frankfurt nach
Darmstadt bei Mörfelden mit Tempo 430 in den Tod. Elly Beinhorn sagte später, die Zeit mit ihm sei die schönste ihres Lebens
gewesen.

Während des Zweiten Weltkrieges ehelichte Elly Beinhorn 1941
den Industriekaufmann Dr. Karl Wittmann und hatte mit ihm eine
Tochter. Nach Ende des Krieges konnte die passionierte Pilotin
wieder fliegen und nahm unter anderem im Jahre 1959 am tradi-
tionellen *„Powder-Puff-Derby"* in Amerika teil; noch im gleichen
Jahr erhielt sie eine Goldmedaille im *europäischen Sternflug*. In
der Folgezeit beteiligte sich Elly Beinhorn erfolgreich an Sport-
flugwettbewerben und übernahm privat Sport-, Überland- und
Fotoflüge. 1979 gab Deutschlands berühmteste Pilotin im Alter
von 72 Jahren ihren Flugschein ab. Sie starb 100jährig am 28. November 2007 und wurde auf eigenen Wunsch neben ihrem ersten
Ehemann Bernd Rosemeyer auf dem Waldfriedhof in Berlin-Dah-
lem beigesetzt.

Hanna Reitsch

1912-1979

Hanna Reitsch wurde am 29. März 1912 als zweites von drei Kindern des Augenarztes Willi Reitsch und seiner aus einer alten Tiroler Adelsfamilie stammenden Ehefrau Emy Helff-Hibler von Alpenheim in Hirschberg im Riesengebirge (Schlesien) geboren. Der Vater leitete eine Augenklinik, die als Privatklinik dem dortigen Diakonissenhaus angegliedert war. Hanna träumte bereits als Kind von der Fliegerei und wollte als Vierjährige mit ausgebreiteten Armen vom Balkon des Elternhauses fliegen. Die Schule bereitete Hanna keine Schwierigkeiten, auch wenn sie wegen Übermuts des Öfteren getadelt wurde. Auf dem Heimweg machte das Mädchen gerne einen Umweg, um im Krankenhaus Patienten zu besuchen und ihnen Geschichten zu erzählen. Es stand schon früh für sie fest, dass sie Medizin studieren wollte, am liebsten, um als Missionsärztin die Welt zu erkunden und dazu müsste sie fliegen lernen. Die Eltern wollten vom Fliegen nichts hören, aber Hanna radelte nach der Schule heimlich so oft wie möglich zum nahe gelegenen Segelflugplatz in Grunau. Nach dem Abitur machte sie dort einen Segelflugkursus. Beim unerlaubten Aufsteigen merkte sie, wie schwierig es war, den Steuerknüppel richtig zu führen. Da man sie zur Strafe zunächst nicht wieder ins Flugzeug ließ, übte sie abends im Bett mit einem Kochlöffel als Steuerknüppel. Sobald sie wieder fliegen durfte, waren alle bass erstaunt über ihre Flugkünste.

Neben dem etwas vernachlässigten Medizinstudium erwarb Hanna Reitsch, die nur 1,50 Meter große Frau, im Jahre 1932 die Flugzeugführerscheine für Segelflug in Grunau/Riesengebirge und den für Motorflug in Berlin-Staaken. Im selben Jahr gelang ihr in Grunau der erste Dauersegelflug-Rekord, der fünf Stunden dauerte und von dem sie freischwebend und singend erst zurückkehrte, als der Wind nachließ.

Von 1933 bis 1934 nahm Hanna Reitsch an einer Forschungsexpedition in Brasilien und Argentinien teil und brach ihr Medizinstudium zugunsten der Fliegerei ab. Es hatte sie nur wenig Mühe gekostet, Fliegerin zu werden. Ihren ersten Segelunterricht bezahlten anfangs ihre Eltern, jedoch fand die junge Frau mit dem exzellenten fliegerischen Gefühl schnell Förderer und zeigte nie zuvor gesehene Leistungen.

Bis zum Beginn des Zweiten Weltkrieges brach sie sämtliche Segelflugweltrekorde für Frauen und war später in allen Disziplinen die Erste: Sie war die erste Frau im Rang eines Flugkapitäns, die erste und einzige Frau, die das EK I und das EK II erhielt, die erste Frau, die die Alpen im Segelflug überflog, die erste Frau, die einen Hubschrauber in der Halle flog, der erste Mensch, der das „Kraft-Ei" flog, das *Raketenflugzeug Me163* der *Firma Messerschmitt*. Ihr Mut und ihr Ehrgeiz waren maßlos genug, um sich den Nazis für die gefährlichsten Testflüge zur Verfügung zu stellen.

Und so kam es im Jahre 1942 zu einem folgenschweren Unfall mit einem Raketenflugzeug.

Beim Landeversuch sackte die *Me 163* in etwa 80 Metern Höhe durch und krachte auf einen Acker. Hanna öffnete das Kabinendach und meinte zuerst, sie sei unverletzt geblieben. Doch dann merkte sie, dass Ströme von Blut an ihr herabliefen, sie tastete ihren Kopf ab und fühlte dort, wo sich sonst ihre Nase befand, einen breiten Spalt. In einem Regensburger Krankenhaus stellten Ärzte dann einen vierfachen Schädelbasisbruch, zwei Gesichtsschädelbrüche, eine Gehirnquetschung und eine gespaltene Nase fest. Außerdem war der Oberkiefer total verschoben. Wie durch ein Wunder überstand sie die sofortige Operation und die Nacht darauf. Im Regensburger Krankenhaus verlangte Hanna immer wieder nach ihrer Freundin Dr. Adelheid von Berg, die als Chirurgin am Robert-Koch-Krankenhaus in Berlin arbeitete. Von ihr wollte sie wissen, wie es um sie stand und ob sie nach ihrer Genesung wieder fliegen könne. Als die Ärztin auf der Autofahrt zu ihr in der Nähe von Regensburg tödlich verunglückte und Hanna davon erfuhr, fiel sie in eine tiefe Bewusstlosigkeit; niemand glaubte mehr an ihre Heilung. Die schwerverletzte Pilotin musste fünf Monate im Krankenhaus verbringen und kehrte erst im März 1943 in ihre Heimat zurück. Dort erholte sie sich in einem einsam gelegenen Landhaus. Um sich wieder an das Fliegen zu gewöhnen und ihr Gleichgewichtsgefühl zurückzugewinnen, kletterte sie auf das spitze Giebeldach des Hauses, setzte sich auf den First, umklammerte den Schornstein und ließ ihren Blick langsam über die Dachziegel bis zum Boden und zurück schweifen. Das wiederholte sie immer und immer wieder. Außerdem stieg sie auf hohe Bäume und machte lange Spaziergänge im Riesengebirge. Schließlich gewöhnte sie sich auf dem Flugplatz Breslau-Schöngarten langsam wieder an das Fliegen. Eines Tages stellten die Ärzte ihre völlige Heilung fest und erklärten sie für flugtauglich.

Während des *Zweiten Weltkriegs* hatte sich Hanna Reitsch die Möglichkeit geboten zu fliegen, gemäß ihrem Motto „Fliegen ist mein Leben!" Sie war weder Mitglied der NSDAP noch einer anderen NS-Organisation, auch eine *„Ehrenmitgliedschaft beim Bund Deutscher Mädchen"* (BDM) lehnte sie ab. Aber ihre Rolle während der Zeit des Nationalsozialismus hat die fliegerischen und sozialen Leistungen dieser so außergewöhnlichen Pilotin in den Hintergrund gerückt.

Im Flug für den Führer

Hanna Reitsch war in einem deutschnationalen Klima aufgewachsen und wurde eine begeisterte Anhängerin Adolf Hitlers, dem sie bis zuletzt die Treue hielt. Ihr vielleicht waghalsigstes Flugabenteuer fand am 26. April 1945 statt. In Begleitung von Generaloberst Ritter von Greim gelang es ihr, mit einem *Fieseler Storch* in das schwer umkämpfte Berliner Zentrum zu fliegen. Inmitten detonierender sowjetischer Geschosse landete sie halbwegs sicher unmittelbar vor dem Brandenburger Tor. Von dort aus konnten sie in den *Führerbunker* vordringen. Ritter von Greim und Hanna Reitsch verbrachten dort drei Tage unter immer heftigerem sowjetischem Trommelfeuer. Während dieser Zeit ernannte Hitler den Generaloberst von Greim anstelle von Göring zum Oberbefehlshaber der Luftwaffe und Hanna war glücklich, dem Führer so nahe zu sein. Es heißt, er verabschiedete sich mit den Worten: „Sie tapfere Frau. Es gibt noch Treue und Mut auf der Welt!". Wenige Tage später, am 30. April 1945, beging Hitler im Führerbunker Selbstmord.

Von Mai 1945 bis November 1946 war die Pilotin in amerikanischer Gefangenschaft, darunter zeitweise auch in Oberursel/Taunus in dem damaligen *Camp King*. Hier befand sich das Kriegsgefangenenlager und Verhörzentrum *(Interrogation Center)*

für hochrangige Nationalsozialisten, Geheimdienstleute und Militärs. Flugkapitän Hanna Reitsch kam vorerst in das berüchtigte Barackenlager. Sie erinnert sich:
Tag um Tag verging, ohne dass ich vernommen oder jemandem vorgeführt wurde. Das Schrecklichste während dieser Zeit waren die gellenden Schreie, die sich oftmals am Tage aus verschiedenen Ecken der Baracke, mal nah, mal fern, wiederholten.

Glücklicherweise wurde sie kurz darauf in das *Haus Alaska*, eine Villa des beschlagnahmten Frankfurter Lehrerinnenheims gegenüber dem *Camp King*, einquartiert. In diesem in einem Park gelegenen Gebäude waren ca. 50 Personen *„von hervorragender Bedeutung"* untergebracht. Hanna Reitsch wurde hauptsächlich zu ihrem Verhältnis zu Hitler, seinen Gefolgsleuten und ihrem eigenen Aufenthalt im Führerbunker befragt. Im Jahre 1951 entließ man die Gefangene ohne große Formalitäten. Sie erhielt eine Wohnung in der Altkönigstraße/Oberursel/Taunus zugewiesen, bis sie eine Bleibe in Frankfurt gefunden hatte.

Hanna Reitsch nahm schon 1952 ihre Flugtätigkeit wieder auf und erzielte bis 1979 unzählige Erfolge im Sport und Anerkennung weltweit. Im Jahr 1959 reiste sie auf Einladung von Premierminister Jawaharlal Nehru nach Indien, um dort ein Leistungssegelflugnetz aufzubauen. 1961 wurde sie von Präsident Kennedy zu einem Besuch im *Weißen Haus* eingeladen und traf in den USA auch ihren Jugendfreund Wernher von Braun wieder. Von 1962 bis 1966 weilte sie in Ghana, wo sie eine Segelflugschule aufbaute. Hanna Reitsch flog bis zu ihrem Lebensende; sie starb 1979 im Alter von 67 Jahren nach kurzer Krankheit in Frankfurt am Main.

Da man Hanna Reitsch in Deutschland immer ihr Verhalten während des Nationalsozialismus vorgeworfen hatte, gab sie 1974 ihre deutsche Staatsangehörigkeit auf und wurde Österreicherin. Ihrem Wunsch entsprechend hat man sie in aller Stille neben ihren Eltern auf dem Kommunalfriedhof in Salzburg beigesetzt.

Der Spiegel schrieb in seinem Nachruf:
Hanna Reitsch [...] verkörperte aufs äußerste zugespitzt die deutsch-nationale Schizophrenie zwischen äußerer Modernität und innerem Mittelalter, zwischen technisch wissenschaftlicher Intelligenz und verblendeter ,Gläubigkeit‘, zwischen persönlichem Anstand und kollektiver Barbarei.
DER SPIEGEL 36/1979

Melitta Klara Schiller verheiratete

Melitta Schenk Gräfin von Stauffenberg[49]

1903-1945

Kontrollblick

Melitta Klara Schiller wurde am 9. Januar 1903 in Krotoschin, Provinz Posen, als Tochter des Bauingenieurs und preußischen Beamten Michael Schiller und seiner evangelischen Ehefrau Margaret Erberstein aus Bromberg geboren. Sie hatte vier Geschwister, Marie-Louise, Otto, Jutta und Klara. Ab 1909 besuchte „Melli", wie sie im Familienkreis genannt wurde, die städtische Höhere Mädchenschule in Krotoschin. Der *Erste Weltkrieg* (1914-1918) brachte weitreichende Veränderungen in das Leben der Familie. Der Vater diente als Landsturmhauptmann, die Mutter und die älteste Tochter leisteten Sanitätsdienst, Melitta und die jüngeren Geschwister wurden zur Großmutter nach Schlesien gebracht. Hier begegnete Melli ihrem Onkel Ernst Eberstein, der im Krieg Flieger war und der sie sehr beeindruckte.

178

Nach dem verlorenen Krieg fiel die Provinz Posen an Polen und Melitta blieb in Schlesien. Hier besuchte sie ab 1919 das Mädchengymnasium in Hirschberg, wo sie 1922 ihr Abitur ablegte. Bereits während der Schulzeit hatte sich die Jugendliche für die Fliegerei interessiert und in Hirschberg jede Gelegenheit zum Segelflug genutzt. So wählte sie entsprechend ihrer Vorlieben als Studienfächer an der *Technischen Hochschule* in München Mathematik, Physik und Flugtechnik. Nach Abschluss des Studiums arbeitete Melitta von 1928 an acht Jahre lang als Diplom-Ingenieurin an der *Deutschen Versuchsanstalt für Luftfahrt (DVL)* in Berlin Adlershof. Hier nahm sie theoretische und experimentelle Untersuchungen an Verstellpropellern vor und ließ sich zudem als Flugzeugführerin ausbilden, damit sie die für ihre wissenschaftlichen Arbeiten notwendigen Testflüge selbst ausführen konnte.

Während dieser Zeit lernte Melitta Schiller den Althistoriker Professor Dr. Alexander Schenk Graf von Stauffenberg kennen und lieben. Am 11. August 1937 heiratete das Paar in Berlin-Wilmersdorf, die Ehe blieb kinderlos. Melitta Schiller besaß mittlerweile Flugzeugführerscheine für alle Klassen von Motorflugzeugen, den Kunstflugschein und sämtliche Segelflugscheine. Am 28. Oktober 1937 wurde sie – als zweite Frau Deutschlands nach ihrer ewigen Konkurrentin Hanna Reitsch – ehrenhalber zum *Flugkapitän* ernannt.

Im Oktober 1939 wurde Melitta Schenk Gräfin von Stauffenberg dienstverpflichtet und zur Erprobungsstelle Rechlin der Luftwaffe abkommandiert. Hier setzte sie ihre Arbeit an Zielgeräten für Sturzflug- und Schießvisiere fort. Um ihre Verbesserungen an den Geräten auszuprobieren, führte sie selbst etwa 2.500 Sturzflüge mit Sturzkampfflugzeugen der Typen *Junkers Ju* 87 und Ju 88 durch.

Im Jahre 1940 entdeckte die Reichsstelle für Sippenforschung, dass die Pilotin jüdische Großeltern hatte und damit wurde Melitta Schenk Gräfin von Stauffenberg zu einem *„jüdischen Mischling ersten Grades“* im Sinne der nationalsozialistischen Rassengesetzgebung. Vermutlich weil ihre Arbeit als *„kriegswichtig“* eingestuft wurde, erhielt sie eine Bescheinigung der *„Gleichstellung mit arischen Personen“*. Es folgten große Auszeichnungen wie das *Eiserne Kreuz Klasse II* für ihre Tapferkeit und das *Goldene Flugzeugführerabzeichen* mit Brillanten und Rubinen für ihre mannigfachen anderen Einsätze und Entdeckungen.

Schwierig wurde es schließlich nach dem misslungenen Attentat auf Adolf Hittler am 20. Juli 1944 und dem gescheiterten Putschversuch. War Melitta in die Pläne ihres Schwagers Claus Schenk Graf von Stauffenberg eingeweiht? Die Brüder Claus und Berthold Graf Schenk von Stauffenberg wurden hingerichtet. Außer den Frauen und Kindern der Widerstandskämpfer kamen viele Mitglieder der weitverzweigten Familie in *„Sippenhaft“*, was gewöhnlich die Einweisung in ein Konzentrationslager bedeutete. Auch Melitta und ihr Gatte Alexander waren betroffen, aber die nunmehr nur noch als *Gräfin Schenk* benannte Frau wurde wegen ihrer *„kriegswichtigen Aufgaben“* schon nach sechs Wochen, am 2. September 1942, aus der Haft entlassen und nahm ihre Entwicklungstätigkeiten wieder auf. Ihren Ehemann Alexander und die Schwägerinnen hielt man bis zum Ende des Krieges in verschiedenen Konzentrationslagern und Gefängnissen.

Gräfin Melitta Schenk versuchte so oft wie möglich ihren Mann im Konzentrationslager zu besuchen. Am 8. April 1945 flog sie mit einer unbewaffneten *Bücker Bü 181* in Richtung Bayrischer Wald, als sie von einem amerikanischen Jagdflugzeug von hinten abgeschossen wurde. Sie konnte zwar noch notlanden, erlag aber

Stunden später im Alter von 42 Jahren ihren schweren Verletzungen. Die Tote wurde im städtischen Friedhof in Straubing bestattet. Auf Wunsch ihres Ehemannes Alexander, der als einziger der drei Stauffenberg-Brüder die Nazizeit überlebte, überführte man sie nach Lautlingen und bettete sie dort am 8. September in der Familiengruft der Familie Stauffenberg zur letzten Ruhe.

Furchtlose Pilotin und erfolgreiche Geschäftsfrau[50]

Beate Uhse

1919-2001

Beate Dorothea Köstlin wurde am 25. Oktober 1919 als jüngstes der drei Kinder des Landwirts Otto Köstlin (1871-1945) und der Ärztin Margarete Köstlin-Räntsch (1880-1945) auf dem ostpreußischen Gut Wargenau geboren. Die Mutter war eine der ersten Ärztinnen Deutschlands. Das Familienleben war sehr harmonisch und die Eltern erzogen ihre Kinder freiheitlich, klärten sie sehr früh auf und sprachen mit ihnen offen über Sexualität und Sexualhygiene.

Beates Geschwister Ulrich und Elisabeth waren bei ihrer Geburt zwölf und zehn Jahre alt. Im Herbst 1927 erzählte Ulrich seiner kleinen, fantasiebegabten Schwester die Geschichte von Dädalus und Ikarus. Beate war fasziniert und wollte nun unbedingt fliegen lernen. Sie begann auf dem Gutshof Federn zu sammeln, und der Knecht des Gutes half ihr aus Drachenpapier und Holzlatten ein Gerüst zu bauen. Dann klebte das Mädchen die Federn auf. Beate probte mit den Schwingen. Schließlich kletterte sie auf das Dach der Veranda, hob ihre Flügel in die Höhe und sprang. Der Traum vom Fliegen zerbrach vorerst.

Jahre später, als Beate die Schule am Meer auf der Insel Juist besuchte, erinnerte sie sich wieder an ihr früheres Vorhaben. Martin Luserke, der Leiter der reformpädagogischen Schule, sorgte für ein musisch, sportlich und handwerklich orientiertes Curriculum, und zum schulsportlichen Angebot gehörte auch Segelfliegen. Nach zwei Rundflügen wusste Beate, dass nichts sie davon abbringen würde, Pilotin zu werden und zwar gewerbsmäßig. Da Englisch die Sprache der Flieger war, ging Beate nach England und arbeitete dort als Au-pair-Mädchen.

Nach Schließung der Schule am Meer im März 1934 empfahl Martin Luserke Beate, die Odenwaldschule in Hessen zu besuchen, wo sie ihre Reifeprüfung ablegte. Die Eltern Köstlin erlaubten ihrer Tochter schließlich, sich ihren Lebenstraum zu erfüllen, und am 1. August 1937 nahm Fräulein Köstlin in der Fliegerschule Rangsdorf bei Berlin ihre erste Flugstunde. Am 12. Oktober schloss sie die Ausbildung ab und erhielt zu ihrem 18. Geburtstag den *Flugzeugführerschein A2*. Es folgten ein Praktikum bei *Bücker Flugzeugbau* und anschließend eine Ausbildung zur Kunstfliegerin, die sie 1939 erfolgreich beendete; der Fluglehrer war Hans-Jürgen Uhse, ihre geheime große Liebe und nach einer überstürzten Kriegstrauung ihr Ehemann.

Im Krieg wurde Beate Köstlin von der *Firma Bücker Flugzeugbau* als Pilotin eingestellt und flog neue oder reparierte Flugzeuge ein und überführte sie, zum Beispiel nach Ungarn. Eines Tages fragte die Filmfirma *UFA* bei *Bücker* wegen Piloten als Doubles an, die ein Flugzeug am Boden rollen und es fliegen könnten, während die Schauspieler auf dem hinteren Sitz den Piloten mimten. Beate wurde ausgesucht, und dieser Auftrag entpuppte sich als die für eine Pilotin interessanteste und ungefährlichste Aufgabe in Kriegszeiten. Sie lernte dabei Ihr Idol Hans Albers persönlich kennen. Ab April 1944 verpflichtete man Beate Uhse häufig zu Überführungsflügen für die deutsche Luftwaffe, und sie erlebte Angriffe mit Beschuss durch alliierte Jagdflugzeuge, denen sie aber dank ihres fliegerischen Könnens immer entkommen konnte. Frau Uhse hatte inzwischen den Rang eines *Hauptmanns der Luftwaffe*. Im Mai 1944 verunglückte Hans-Jürgen Uhse tödlich und hinterließ eine 24jährige Witwe mit einem einjährigen Sohn.

Kurz vor Kriegsende versuchte Beate Uhse ihre Eltern nach Berlin zu bringen, aber der Vater wollte das Gut nicht verlassen und er wurde beim Einmarsch der Russen erschossen; ihre Mutter starb wenige Monate später. Beate Uhse selbst gelang es in letzter Minute mit ihrem Sohn, dessen Kindermädchen und zwei Verletzten aus dem eingekesselten Berlin in den Westen zu fliegen. Im April 1945 wurde sie von britischen Truppen gefangen genommen.

Nach ihrer Entlassung aus der Gefangenschaft ließ sich Beate Uhse mit ihrem Sohn in Flensburg nieder. Da die Besatzungsmächte jede fliegerische Tätigkeit verboten, musste sie sich eine neue Erwerbsquelle suchen. Beate Uhse gründete mit ihrem zweiten Mann, Ernst Walter Rotermund, eine Firma mit Namen *Betu-Versand*, die Broschüren und Artikel zum erotischen Gebrauch vertrieb, und sie gründete in Flensburg den ersten Sexshop der Welt. Frau Uhse wurde eine der einflussreichsten Frauen Deutschlands und galt als Wegbereiterin einer offeneren und freieren Gesellschaft. Die „*Mutter Courage des Tabubruchs*" durchlebte viele schwierige Jahre, unter anderem durch Anzeigen gegen ihren Betrieb, auch verweigerte man ihr wegen sittlicher Bedenken die Aufnahme in den Tennisclub und ähnliche Institutionen.

Ihr Ehemann Ernst Walter Rotermund betrog sie und es folgte im Jahre 1979 die Scheidung. Beate Uhse nahm sich einen viele Jahre jüngeren dunkelhäutigen Geliebten und aus dieser Beziehung ergab sich eine wunderbare jahrelange Freundschaft. Trotz aller Anfeindungen und einer Krebserkrankung ließ sich Beate Uhse nicht unterkriegen. Sie ließ sich ihren eigenen Tennisplatz bauen, kaufte sich ihr erstes eigenes Flugzeug und machte mit 75 Jahren noch einen Tauchschein. Zum Ende ihres Lebens verfügte die mutige, selbstbewusste Frau, dass es nach ihrem Tode (16. Juli 2001) nicht die übliche Trauerfeier geben solle, sondern ein Volksfest mit Country-Musik und Buletten für jedermann.

Auszeichnungen

1989   Bundesverdienstkreuz am Bande

1998   Verleihung der „Ehrenvenus" des Berufsverbandes (International Erotic Award)

1999   Eintrag ins Goldene Buch der Stadt Flensburg

2000   *„Hot d'Or D'Honneur"* in Cannes (Der Hot d'Or ist der bekannteste europäische Filmpreis im Pornofilmgewerbe). Er wurde von der französischen Zeitschrift *Hot Vidéo* in den Jahren 1992 bis 2001 verliehen.

Krieg in den Augen der Künstler

Der Zweite Weltkrieg beendete für die Schwestern des Ikarus ihren Traum vom Fliegen. Nun wurden sie in das gefährliche Kriegsgeschehen eingebunden und mussten fast täglich mit dem Tode rechnen. Und wieder machten Künstler den Schrecken der Zeit deutlich.

Mensch und Flugzeug
Konstantin Roschdestwenski 1932

Otto Dix nahm als Maschinengewehrschütze am *Zweiten Weltkrieg* teil und erlebte in der vordersten Linie die grausamen Szenen hautnah. Sehr realistisch verarbeitete er diese Erlebnisse in unzähligen Gemälden und Graphiken.

Die Witwe

Das folgende Gemälde (im Original in orange, gelben, grauen und braunem Farbtönen gehalten) erweckt beim Betrachter fast körperlich den Schrecken des Krieges.

The second cry
ERRO geb. 1932

Hier kombiniert der Isländer ERRO mit zivilisationskritischem Akzent gezielt Idylle mit technischem Gerät. So ist der Tiefflieger Auslöser für das Gemälde *The second cry* nach Edvard Munch. Zur gequält schreienden Munchschen Figur auf der Brücke gesellt ERRO eine zweite, warnende Figur, denn die über sie hinwegbrausende *Turboprop-Maschine* mit abgerissenem Fahrwerk ist ein schussbereiter Jagdflieger.

Der Flug zu den Sternen

Ab den 50er Jahren entwickelte sich die Luftfahrt dann rapide; neue Maschinen, die problemlos weite Strecken über Meere und Kontinente zurücklegen konnten, wurden von männlichen Piloten gesteuert. Und es dauerte nicht mehr lange, bis jedermann ein Flugzeug besteigen konnte, um in den Urlaub zu fliegen.

Mit der Erkundung des Weltalls begann eine neue Dimension. Am 4. Oktober 1957 umrundete der Russe Jurii Gagarin in einem Raumschiff, genannt *Sputnik*, den Erdball. Der Sprecher im russischen Rundfunk erklärte um 9.59 Uhr:

„Die Wostok, das erste Raumschiff der Welt, ist am 12. April mit einem Mann an Bord von der Sowjetunion aus zu einer Umkreisung der Erde gestartet. Der Pilot-Kosmonaut des Schiffs „Wostok" ist ein Bürger der Union der Sozialistischen Sowjetrepubliken. Sein Name ist Major Gagarin, Juri Alexejewitsch."

Am 20. Juli 1969 um 21.56 Uhr Houston-Zeit betrat der Amerikaner Neil Armstrong als erster Mensch den Mond. Zusammen mit seinen Kollegen Edwin Aldrin und Micheal Collins war er im Rahmen der *„Apollo11-Mission"* vier Tage, vier Stunden und vierzehn Minuten mit dem Raumschiff *Eagle* unterwegs. Nachdem die Landefähre sicher auf dem Mond am vorgesehenen Platz gelandet war, kontaktierte Neil Armstrong das Kontrollzentrum in Houston/Texas USA.

„Houston, this is Tranquillity Base.
The eagle has landed."

Nachwort

Ursprünglich wollte ich nur ein Lebensbild von *Käthe Paulus*, dieser bemerkenswert kühnen Frau, entwerfen, bei der Recherche wurde mir jedoch bewusst, dass ich die Aeronautin in die Anfänge des Fluges und den Wunsch der Menschen, das Fliegen zu erlernen, einbetten könnte. So entstand dieses Buch voll interessanter Geschichten, die ich fast alle in der umfangreichen Literatur zur Luftfahrt und in den Biografien der ersten Pilotinnen entdeckte.

Die Herren Andreas Mengel und Thomas Füchtenkamp, sowie Frau Beate Datzkow vom Städtischen Archiv in Bad Homburg zeigten sich wie gewohnt äußerst hilfsbereit bei der Suche nach Material, ebenso Herr Steffen Schütze vom Archiv in Bad Ems. In der Universitätsbibliothek in Frankfurt konnte ich angefordertes authentisches Material einsehen und mich überraschen lassen. Als besonders interessant erwies sich bei meiner Recherche der Besuch im Zeppelin Museum in Neu-Isenburg-Zeppelinheim, wo neben Schautafeln und Artefakten auch interessante Filme im Zuschauer den Wunsch wecken, selbst mit einem Zeppelin zu fahren.

Den Schreibprozess begleiteten die Germanistin Frau Dr. Heike Doane, meine Jugendfreundin in Amerika, Frau Beate Horlemann, die bewährte Lektorin, und schließlich Christina Pfeffer-Eretier, die Graphikern, welche professionell das Manuskript in ein ansprechendes Lesebuch verwandelte, stets mit dem geheimen Motto *Zum Lobe der Frauen.*
   Ihnen allen und meiner Familie sei Dank für die Unterstützung an einem Projekt, das mir persönlich sehr viel Freude bereitet hat.

Anmerkungen

Die Ballonfahrerin Frau Paulus wird im Text Käthe Paulus, Käte Paulus oder Käthchen Paulus genannt, was den unterschiedlichen Quellen geschuldet ist; ebenso verhält es sich bei Abweichungen in der Rechtschreibung.

1 Gedichtform: Akrostichon ©H.-R. Döringer
2 Hans Thoma 1839-1924
3 Zeichnung nach da Vinci in GEO Epoche Nr. 86
4 Winzen „Die Welt von oben", S.11, 36
5 Japanisches Kurzgedicht: Haiku -5 Silben -7 Silben -5 Silben, ©H.-R. Döringer
6 Foto aus dem Internet
7 Jackson, D.D., „Die Ballonfahrer", S.9ff
8 Jackson, D.D., a. a. O., S.20ff
9 Böckelmann, Dr., in „Wir Luftschiffer", S.45
10 Böckelmann Dr., a. a. O., S.51
11 Korzus, B., „Leichter als Luft" , S.95
13 Louis d'or In Frankreich wurden 1640 bis 1793 Louis d'or Goldmünzen geprägt, bis diese dann von den französischen Francs Goldmünzen der lateinischen Münzunion abgelöst wurden. 1 Louis d'or wog anfangs 6,7g und wurde in 916er Gold (22 Karat) geprägt. Später änderten sich die Gewichte. Markant sind die im Wappen abgebildeten Lilien, welche im Münzbild vieler französischer Münzen zu finden sind. Es gab 1/2 Louis d'or, 1 Louis d'or, 2 Louis d'or, 4, 8 und 10 Louis d'or Goldmünzen.
12 Rebmann, J. „Als Frau in die Luft ging", S.19
14 Probst, E. „Königinnen der Lüfte", S.31ff
15 Korzus, B. a. a. O., S.253 ff
16 Jackson, D. D. a. a. O., S.46f
17 Jackson, D. D. a. a. O., S.74
18 Ruge, A., „225 Jahre Luftfahrt" Internet
19 Wilhelm Geisler 1895-1977 bekannter deutscher Grafiker, Holzschneider und Maler
20 Korzus, B. a. a. O., S.31
21 Probst, E., „Königinnen der Lüfte" S.33ff
22 Schmitt, G., „Die Ladies in den Fliegenden Kisten", S.14
23 Katalog, „Frau und Flug – Die Schwestern des Ikarus", S.26
24 Pfister, G. „Fliegen – Ihr Leben" S.23ff
25 Auguste Securius, Info aus dem Internet
26 Bonnet, R., S.8ff, Schmitt, G, S.48ff und andere

Die Zeitungsnotizen im Manuskript, S.120, S.121, S.122, S.125, S.126, das Vortragsprogramm und Gute-Nacht-Dia S.131 und das Besitzzeugnis S.136 befinden sich in der Universitätsbibliothek Frankfurt am Main

27 Böckelmann, Dr., a. a. a., O. S.144ff

28 Schmitthenner, H., „Die Luftfahrer", S.100f

29 Die Frankfurter Latern war eine politische Satirezeitschrift, welche unter unterschiedlichen Titeln zwischen 1860 und 1893 von Friedrich Stoltze bis zu seinem Tod 1891 in Frankfurt am Main herausgegeben wurde.

30 Luftschifffahrtsausstellung

31 Winzen, M. Die Welt von oben, S.142f

32 James Prunier „Die Welt der Ballon und Flugzeuge", S.6

33 Winzen, M., a. a. O., S. 209ff

34 Lore Mathias, in GEO EPOCHE Der TRAUM vom FLIEGEN Nr. 86
Otto Lilienthal ist heute noch eine Größe im nationalen Gedächtnis:
Reinhard Mey verarbeitete die Geschichte des letzten Fluges in seinem Stück Lilienthals Traum, das 1996 auf seinem Album Leuchtfeuer erschien.
Udo Jürgens widmete Lilienthal sein Lied Flieg – flieg in die Sonne (1991) vom Album Geradeaus

35 Flugzeuge in Farbe Südwest Verlag, S.6

36 Zeppelin Besuch im Zeppelinmuseum
Grimm, Markus, „Ferdinand Graf von Zeppelin - Der Traum vom Fliegen"

37 Frau und Flug-Die Schwestern des Ikarus, S.86

38 Guillaume Apollinaire 1880-1918 war ein französischer Dichter und Schriftsteller italienisch-polnischer Abstammung. Vor allem mit seiner Lyrik gehört er zu den bedeutendsten französischen Autoren des frühen 20. Jahrhunderts.

39 Winzen, M., a. a. O., S.320ff

40 Schmitt, G., a. a. O,, S.54ff

41 Kurowski, Franz, „Das Buch der Fallschirmspringer", S.24f

42 Pfister, G., „Fliegen – Ihr Leben", S.99ff

43 Frau und Flug – Die Schwestern des Ikarus, S.120f

44 Kurowski, F., a. a., O., S.88ff und Bordbuch

45 Pfister, G., a. a. O., S.156 und Probst, E., „Marga von Etzdorf"

46 Beinhorn, E. „Im Alleinflug – Mein Leben"

47 Flugplan Elly Beinhorn in ???

48 Probst, E., a. a. O., S. 80ff und
Reitsch, H., „Höhen und Tiefen – 1945 bis zur Gegenwart", S.43
Reitsch, H., „Fliegen – Mein Leben"
Kopp, M., „Im Labyrinth der Schuld" Jahrbuch Hochtaunus 2010, S.232 ff

49 Medicus, Th., „Melitta von Stauffenberg", und Probst, E., a. a. O., S.85ff

50 Uhse, B., „Ich will Freiheit für die Liebe"– Autobiografie

Literatur

*„Wer zu lesen versteht, besitzt den Schlüssel zu großen Taten, zu un-
erträumten Möglichkeiten."* Aldous Huxley

Bach, Adolf, „In süßen Freuden ging die Zeit – Ein Buch von Jugend und
Heimat", Quelle und Meyer, Heidelberg 1958

Bach, Liesel, „Bordbuch D 2495 – Zeitgeschichte"
Verlag Wilhelm Andermann, Berlin 1937

Bach, Liesel, „Den alten Göttern zu Ehren – Eine deutsche Fliegerin in
Indien", Greven Verlag, Köln 1954

Baumunk, Bodo-Michael, Hrsg., „Die Kunst des Fliegens"
Zeppelin Museum Friedrichshafen 1996

Beinhorn, Elly, „Im Alleinflug – Mein Leben"
MALIK National Geographic 2011

Bergius, C.C., „Die Straße der Piloten"
Siegbert Mohn Verlag, Gütersloh o. J.

Bonnet, Rudolf, „Käthchen Paulus, die Ballonfliegerin und Fallschirmspringerin", in Mitteilungen des Vereins für Geschichte und Landeskunde zu Bad
Homburg vor der Höhe 1965

Buhl, Fritz, „Frankfurt am Main – Die Stadt der Luftfahrt"
Nachdruck der ersten Auflage aus dem Jahr 1937

Fechtner, Harald, „Das alte Bad Homburg 1870-1920"
Verlag Revellio, Villingen-Schwenningen 1994

Gerisch, Peter, „Gondel, Gas und weiße Wolken – Eine Fibel über das Ballonfahren", Mercator Verlag München 1958

Grimm, Markus, „Ferdinand Graf von Zeppelin – Der Traum vom Fliegen"
ArtCon, Sommerhausen 2019

Ingold, Felix Philipp, „Literatur und Aviatik – Europäische Flugdichtung 1908-1927", Birkhäuser Verlag Basel 1978

Jackson, Donald Dale (Verfasser), „Die Ballonfahrer"
TIME LIFE BÜCHER Amsterdam 1981

Katalog „Fliegen – ein Traum – Faszination Fortschritt – Vernichtungswahn"
Ruhrfestspiele Recklinghausen 1977

Korzus, Bernard, Hrsg., „Leichter als Luft – Zur Geschichte der Ballonfahrt"
Ausstellungskatalog Westfälisches Landesmuseum für Kunst und Kulturgeschichte, Münster 1978

Kurowski, F. „Das Buch der Fallschirmspringer"
Fischer-Verlag, Göttingen 1973

Langsdorff, Werner von, „Flieger und was sie erlebten – 77 deutsche Luftfahrer erzählen" Bertelsmann Verlag, Gütersloh o. J.

Medicus, Thomas, „Melitta von Stauffenberg"

Monday, David, „Flugzeuge in Farbe – Geschichte der modernen Fliegerei"
Südwest Verlag, München 1986

Moolmann, Valerie, „Frauen in der Luft"
TIME LIFE BÜCHER; Amsterdam 1982

Norden, Adalbert, „Flügel am Horizont",
Roman der ersten Flieger, Deutscher Verlag, Berlin 1939

Pfister, Gertrud, „Fliegen – Ihr Leben. Die ersten Pilotinnen"
Orlanda Frauenverlag, Berlin 1989

Probst, Ernst, „Königinnen der Lüfte", Biografien berühmter Fliegerinnen
GRIN Verlag, Open Publishing GmbH 2001

Probst, Ernst, „Marga von Etzdorf – Die tragische deutsche Fliegerin"
GRIN Verlag, Open Publishing GmbH 2010

Prunier, James, „Die Welt der Ballons und ersten Flugzeuge"
Otto Maier, Ravensburg 1987
Rebmann, Jutta, „Als Frau in die Luft ging", Stieglitz Verlag, Mühlacker 2001

Reitsch, Hanna, „Fliegen – mein Leben", Lindenbaum Verlag, Beltheim-Schnellbach 2012

Reitsch, Hanna, „Höhen und Tiefen - 1945 bis zur Gegenwart", Wilhelm Heyne Verlag, München 1978

Schmitt, Günter, „Die Ladys in den fliegenden Kisten",Brandenburgisches Verlagshaus, Berlin 1993

Schmitt, Günter, „Als die Oldtimer flogen – Die Geschichte des Flugplatzes Johannisthal", AVIATIC Verlag, Oberhaching 1995
Schmitthenner, Hansjörg, „Die Luftfahrer – Geschichte, Lust und Abenteuer des Ballonfluges", Müller & Kiepenheuer Verlag, Bergen II Obb., o. J.

Simon, Claudia, „Käte Paulus – Die vergessene Königin der Lüfte", e-Book

Uhse, Beate, „Ich will Freiheit für die Liebe", Die Autobiographie; Ullstein Taschenbuchverlag, München 2001

Wachtel, Joachim, „Die Aviatiker oder Die tollkühnen Pioniere des Motorfluges", Mosaik Verlag, München 1978,

Walsh, Gerta, „Bemerkenswerte Frauen in Homburg", Verlag Waldemar Kramer, Frankfurt a. M. 1995

Winzen, Matthias, Hrsg., „Die Welt von oben – Der Traum vom Fliegen im 19. Jahrhundert", ATHENA Verlag 2019

Heide-Renate Döringer, Dr. phil., ist promovierte Linguistin und Poesiepädagogin. Sie unterrichtete während vieler Jahre Deutsch und Englisch an der *Frankfurt International School* in Oberursel /Taunus und lehrte im Jahre 2008 ein Semester als Gastprofessorin an einer Sprachuniversität in Xi'an/China. Die Begegnung mit Menschen verschiedener Nationalitäten hat sie stets fasziniert und dazu inspiriert, die Welt zu erkunden. Bis 2020 war der Schwerpunkt ihrer Publikationen China. Veröffentlichungen zu diesem Thema:

»**Seide**« – Gesponnene Geschichten entlang der Seidenstraße, BoD Norderstedt, 2013

»**Chinesische Drachen**« – Mythen-Märchen-Legenden aus dem Reich der Mitte, BoD Norderstedt, 2015

»**Der erste Kaiser von China**« – Mythen-Märchen und Legenden um den sagenumwobenen Qin Shihuangdi, BoD Norderstedt, 2016

»**CIXI. Die letzte Herrscherin auf dem chinesischen Drachenthron**« – Lebensbild einer außergewöhnlichen Frau, BoD Norderstedt 2018

»**WU ZETIAN. Der einzige weibliche Kaiser auf dem Drachenthron**« – Edition Pauer, Kelkheim, 2020

Weitere Publikationen zu geschichtlichen Themen:

»Emily Mickey Hahn —Abenteuerin–Pionierin–Welt-bürgerin« – BoD Norderstedt 2020

»Fortune« – Marie Hensel-Blanc – Ein Leben zwischen Friedrichsdorf im Taunus und Monte Carlo in Monaco, BoD Norderstedt, 2021

»Elizabeth« Landgräfin von Hessen-Homburg – Eine englisch-deutsche Geschichte, BoD Norderstedt, 2021

»M'Adam Opel« Lebensbild der Sophie Marie Opel, geborene Scheller, BoD Norderstedt, 2022

»Ottilie W. Roederstein & Elisabeth H. Winterhalter« Unerschrockene Weggefährtinnen und Kämpferinnen auf dem Weg in die Freiheit, BoD Norderstedt, 2022

»Dr. Elsie Kühn Leitz« Die Menschliche - Die Versöhnliche Lebensbild einer außergewöhnlichen Frau, BoD Norderstedt, 2023

»Bad Homburg« Von der Landgrafschaft zum berühmten Kurort, BoD Norderstedt, 2024

Inhalt

Himmelwärts

Himmelsstürmer und
Schwestern des Ikarus

Satz und Layout, Titelgestaltung:
Christina Pfeffer-Eretier
eretier | grafische gestaltung
www.eretier.de

Bildquelle Internet –
Eine Urheberrechtsverletzung ist nicht beabsichtigt.

Verlag: BoD · Books on Demand GmbH, In de Tarpen 42,
22848 Norderstedt, bod@bod.de
Druck: Libri Plureos GmbH, Friedensallee 273,
22763 Hamburg
ISBN: 978-3-7693-5393-8

Bibliographische Informationen
der Deutschen Nationalbibliothek
www.dnb.de